幸福婆媳，从转念开始

Change Your Mind, Change Your Life

周江南◎著

深圳报业集团出版社
SHENZHEN PRESS GROUP PUBLISHING HOUSE

责任编辑：陈　曦
版式设计：周　诚
封面设计：尚世视觉
插　　画：M,Y

图书在版编目（CIP）数据

幸福婆媳，从转念开始 / 周江南著. --深圳：深圳报业集团出版社，2014.5
ISBN 978-7-80709-590-3

Ⅰ. ①幸…　Ⅱ. ①周…　Ⅲ. ①家庭关系—通俗读物　Ⅳ. ①C913.11-49

中国版本图书馆 CIP 数据核字（2014）第 071800 号

深圳市宣传文化事业发展专项基金资助项目

幸福婆媳，从转念开始

Xingfu Poxi Cong Zhuannian Kaishi

周江南　著
深圳报业集团出版社出版发行
（518009　深圳市深南大道 6008 号）
深圳市国际彩印有限公司印制　新华书店经销
2014 年 5 月第 1 版　2014 年 5 月第 1 次印刷
开本：787mm×965mm　1/32
字数：140 千字　印张：7
ISBN 978-7-80709-590-3　定价：28.00 元

/ 媳妇们的智慧分享 /

为《深圳晚报》记者周江南的书《幸福婆媳，从转念开始》写序，是一件令人欣喜的事。

读过此书，许多共鸣，许多感慨，许多深思，缘于我自己当媳妇的漫长岁月和准备当婆婆的“岗前自修”，缘于婆媳关系这个千古难题对女性朋友们的考验以及由此引发的悲欢离合，也缘于因为工作关系对这一特殊亲情关系的关注和思考。这确实是一本可读可感可收藏的有趣之作，有平常而生动的故事，处处可以找到自己或朋友熟人的影子，也有理性而独到的思考，似乎把读者当年当时的一闪念引向深刻。书里不仅有婆媳之间直接的冲突与和解、回避与接纳，也有婆媳之间那个男人的幼稚与成熟、笨拙与聪明。夫妻之间，有荷尔蒙的作用；亲子之间，有血缘的作用；婆媳之间，儿子一定要起作用。类似这样的观点，我十分赞同。书里鼓励婆媳寻求自我成长，学会换位思考，避免争端，也提醒婆婆与媳妇中间夹着的那个男人换位思考，学会做称职的儿子和丈夫。这些都是非常实用的。

深圳是一座移民城市，文化多元，观念多样，习俗千差万别，需求五花八门，折射于婆媳关系，似乎有更多难解的纠结。同时，深圳又是一座现代化国际化程度较高的新兴城市，都市女性的文明修养和驾驭生活、把握命运的能力不断增强，处理婆媳关系的智慧同样可圈可点。像《幸福婆媳，从转念开始》这样的书，正是对这样一些家庭文化的积极传播，也是女性朋友的智慧分享。基于此，我必须对周江南记者表达敬意和谢意！

中国有千万个家庭，就有千万个婆媳故事。家是小小国，国是千万家。营造一个和谐的家庭，是个人的幸福所在，也是社会文明进步的体现。每个人身体力行，便是人生的一大硕果和一份实实在在的贡献。

（作者为深圳市妇女联合会副主席，

深圳市妇女发展研究会会长）

/ 磨与和就在一念间 /

在婆婆眼里不懂事的媳妇，在亲妈眼里是天底下最好的女儿。在媳妇眼里不好处的婆婆，在儿子眼里是天底下最好的母亲。为什么天底下两个最好的女人，做了婆媳之后，却成了对方觉得最碍眼的人？这天底下，感天动地的婆媳关系有，但绝对少。环看身边的姐妹，说起婆媳关系，多数都是一个“唉”字做总结。

婚前，我听不进别人讲婆媳矛盾，总规劝她们要“大度”一点。那时，我笃定地认为自己一定会远离婆媳矛盾，因为我自认为懂得与婆婆和睦相处。婚后，我却一脚踏进了婆媳矛盾的泥潭，差点就拔不出来了。甚至，我一度后悔结婚，不是讨厌丈夫，而是讨厌婚姻带来的纷繁复杂的人际关系。我甚至疑惑：如果说婚姻是爱情的坟墓，婆婆就是掘墓人吗？

痛定思痛，我开始认真研究婆媳关系。从书籍里、电视上、网络上、现实生活中，我不断寻找各种事例，观看网友的多角度评论，用来开导自己，就像一条受了伤的狗自己去寻找疗伤的草药一样。

渐渐地，我学会了“转念”，是聪明也好，是阿Q也罢，关键是达到一个目的——把婆媳关系尽量搞好，让婆媳矛盾可控。如果说人生是一次修行，幸福的关键就是转念。一念成和，一念成磨。幸福婆媳的梦想，必须靠婆婆与媳妇的共同转念来实现。

婆媳关系搞不好，除了因为我们正处于观念交织、没有统一行为标准的时代，主要还是个人的心态问题。旧时代，婆婆处于优势地位，但并不是每个婆婆都欺负媳妇。新时代，媳妇获得平权地位，但并不是每一个媳妇都拒婆婆于千里之外。

我们都知道，如果不刷牙，牙齿会生虫，最后可能会烂掉，只能拔牙。就让这本书给你家的婆媳关系“刷刷牙”吧。这本书，也许不能一下子解决你家的婆媳难题，但很可能带给你一些不一样的思路。

本书借鉴了相关书籍及网友的事例与言论，在此深表感谢！

周江南

目录

I / 人人偏心

三人行，必有亲疏之别。每个人心里都有一本亲疏里外的清白账。婆婆偏爱自己的儿子，媳妇偏爱自己的亲娘，都是难免的。说别人偏心的同时，想想自己是不是也偏心呢？

/ 完美的自己 /

一位母亲说：“只有像我这般完美的女人，才能配得上我这么完美的儿子。”儿子说：“我母亲这个人，既虚荣又狭隘，还脾气大。明明不需开车，几十米的路也要开车过去，目的就是为了在人前显摆。玩个牌都能跟人家急得跳起来。我从小到大，都被她打怕了。我要是找个这样的老婆过日子，那就麻烦了。”

我不知道，如果这位母亲听到独生儿子的这个评论，会不会崩溃？她心中完美的自己原来如此不堪。而她眼中完美的儿子在本作者眼中，也不能算完美。在旁人眼中一个如此不完美的母亲和不完美的儿子，在这位女人的内心却都是完美的，这叫盲目自信、自以为是。

古语有云：人非圣贤，孰能无过。这位自认完美的妇人，她的完美完全是自己总结出来的。她的老公小有权力，所以接近她的人一般都顺着她。妇人自己也有体面的工作，尊严感很强。家里老公儿子都是男人，不爱跟她计较。所以，她的小日子过得有滋有味、顺风顺水，于是就觉得自己很完美了。其实她不知道，她的完美生活，都是身边的人哑忍出来的。这样一个完美的婆婆，未来的媳妇要怎么享受呢？

生活中，总有这样自认为完美的人，觉得不完美的永远是别人。他们的一生，总在寻找理由强化自己这种观点。在学校时，同学考试成绩不好，认为同学愚蠢；自己成绩不好，就是因为考试时身体不舒服。在单位上，别人没能升职，认为那是他能力不行；自己没能升职，则怪领导没有慧眼。他们喜欢带着主观色彩看问题，歪曲事实以支撑自己的观点。

这种自以为完美的人，看不到自己的缺陷，也接受不了别人提意见。假设一个自以为完美的婆婆，遭遇了一个自以为完美的媳妇，她们要怎么将各自的完美坚持到底呢？当她们发生了矛盾，两人都把责任推给对方，这日子又怎能过得舒坦？只有认识到自己的不完美，宽容别人的不完美，时刻准备迎战生活的不完美，才有可能最大限度地接近完美。

做人，首先要放低自己，从完美的高台上走下来，才能眼中有人，心里容人。尺有所短，寸有所长。要想关系融洽，只能求同存异。

/ 别做牙签 /

有一次去女同学家里玩，她谈到婆媳关系，不堪其苦，觉得每天被婆婆说道，很不舒服。她的先生在一旁说："我妈又没说你什么大不了的事，你值得这么小题大做吗？"我问她先生："如果我不小心用牙签戳了你一下，既没破皮也不太痛，你会在意吗？"她先生说："当然不会在意。"我接着问："要是我每天都时不时地用牙签戳你呢？"她先生说："那我肯定不耐烦了。"女同学说："你妈就是这样天天用话来戳我的呀！"

人无完人，孰能无错，但如果成天被人指这不对那不对，你就找不着自己的存在感了，你的好脾气怕就hold不住了。那个天天像啄木鸟一样的人，让你一见心烦，避之不及。

媳妇收了家里人的脏衣服去洗。婆婆看到了说："就五六件衣服，你用手洗一下就行了，用洗衣机太浪费水了。”媳妇想：“发明洗衣服、设置低档水位又是为了什么？”饭后，媳妇去收碗，看见桌上有一摊油，顺手抽了两张面巾纸去吸。婆婆看到了说：“用抹布擦一下，用纸多浪费。”媳妇想：“这么多油搞到抹布上，还得用很多洗洁精来洗抹布啊。”

媳妇要生孩子了，婆婆花了大半天剪旧布条，准备做尿布用。媳妇说：“用那旧衣服干什么，我去母婴店买专用纱布，还有尿不湿。”婆婆想：“祖祖辈辈不都用旧布做尿布嘛。”婆婆正在厨房做菠菜豆腐，媳妇说：“菠菜里的草酸会与豆腐结合生成草酸钙，对人体不好。”婆婆想：“草酸钙是什么东西，会吃死人吗？我都吃了几十年了。”

每个人都有自己认为正确的生活方式，也许这生活方式不科学，别人指出来，也许是为了你好。但是，频繁地被指出来，心里多多少少有些不舒服。况且，做“指示”的人往往不懂说话的艺术，说话像根牙签，直直的，刺刺的，让人面子上挂不住。就这样，一个没有察纳雅言的海量，一个没有舌灿莲花的艺术，搞在一起，渐渐地会滋生不愉快。

人生一大不幸：身边有根牙签常常戳自己。人生另一大不幸：自己做了一根常常戳人的牙签。

/ 我的立场 /

正好有三天假，公公婆婆计划回几百里外的某城去看望公公家的亲戚。媳妇听了很高兴，因为她的弟弟正好在某城旁边的另一个城市工作，于是提出自己想顺道去看看弟弟，婆婆大怒。好不容易有三天的假期，对于公婆来说，这是一趟亲人团聚之旅，同时也是秀一秀家庭幸福、人员齐整的展示之旅。这媳妇却又中途去另一个城市，一呆就是一天，亲戚朋友见了，不显得公婆对媳妇没有话事权吗？多没面子啊。对于媳妇来说，以前去看弟弟，要煞费苦心地准备，因为出一趟远门不容易，而现在，正好和省亲的地点顺路，去看弟弟是最合适不过的了。公婆那一大家族人，她都很陌生，去看亲戚是家庭政治任务，去看弟弟是手足团聚。

“我认为”“我想”“我要”……在日常生活中，“我”可以说是使用得最多的称谓。我们习惯性地从“我”出发，较少会从“你”和“他”

出发，当每个人的“我”不统一的时候，矛盾就出来了。谁服从谁呢？一个家里，有公婆、小夫妻四个人，就有四个“我”，如果大家都自说自话，寸步不让，那这四个“我”就很难团结到一起成为“我们”。

在家事做法上无法取得一致，是很多家庭的矛盾所在。听谁的，成了问题的关键。如果是公司里，都听老板的。而在家庭里，有没有这么个一锤定音的人？他又是凭什么一锤定音呢？

就算是在封建帝国里，皇帝也要考虑百姓的呼声，暴政谁都想推翻。在家里，不能只顾自己的想法，要认真对待别人的呼声。如果你只是武断地否决，会让别人觉得很委屈。家庭民主，是家庭和谐的保证。一方做出了让步，另一方要看得到，不要因为一个人好说话就欺负他，反而要因此去呵护他。今天他做了让步，他日你也要做出让步。婆媳亦是如此，婆婆要看到媳妇的隐忍，媳妇要看到婆婆的让步。平衡彼此的立场才是长久相处之道。

/ 婆婆偏儿子 /

我的一位堂姐与公婆同住。周一到周五，堂姐和老公都要起早去上班，周末就和老公一起睡个懒觉。婆婆却要她周末早上早起煮稀饭。婆婆说："我不能天天都伺候你。"堂姐很不理解，怎么老公就不用起来煮？好多个周末，堂姐都万分不情愿地从被窝里爬出来煮稀饭。

有一个媳妇与公婆住，基本上都是媳妇做饭洗碗。媳妇也要工作，但只要有空闲时间，在家里都是任劳任怨的。某年春节，小姑子、小姑丈也来团聚。媳妇大大地忙碌了一番。饭毕，小姑子准备去厨房洗碗，婆婆却说："你别洗，等下你嫂嫂会洗。"媳妇在房里听到，气愤不已。

一位媳妇说：一家四口同桌吃饭，婆婆总是让老公多吃这个多吃那个，也不说让我多吃点，我在旁边觉得好尴尬。饭后，婆婆总是问老公想吃什么水果，同样也不问我，当我不存在。老公爱吃酱牛肉，婆婆就做了好多，专门放冰箱里等老公想吃时拿出来。要媳妇吃剩菜，不让儿子吃，还说“男人吃剩菜没力气干活”。媳妇并不是和婆婆计较那点吃的东西，而是受不了婆婆的偏心。

其实，不仅仅是公婆偏亲儿，岳父岳母也同样偏自己的女儿。我一个女性朋友，夫妻俩是白领。岳父岳母来帮他们带孩子。周一至周五，她丈夫白天上班，晚上做家务，周六、周日都是丈夫做饭做家务，相当于一周七天都没有闲。

这天底下多数的父母，在危险来临时，可以为孩子去死，更何况给孩子多一点照顾。对于很多父母来说，给亲儿洗内裤也觉得理所当然，为亲儿做饭洗碗也不觉得累。然而，到了儿子媳妇的家庭操持家务，儿子工作之余歇着，公婆觉得无所谓，但媳妇也要这样，有些公婆就看着刺眼了。有些岳父岳母也一样。

怀着维护自己孩子的心理，很多父母都在窥探着子女的婚姻生活，父母最受不了的，是媳妇“骑在了儿子头上”，或者女儿被女婿欺负。

婆婆们对媳妇的爱，很难超过对儿子的爱。有些婆婆是本色派，她们不懂伪装，有点粗糙地履行着自己一贯的偏心，不加掩饰的所作所为，令媳妇很不开心。还有些婆婆是挟一点自以为是的高高在上，不屑于装，认为自己是婆婆，媳妇就要听自己的，这种做法更令媳妇恼火。有些婆婆是演技派，比较聪明，心里再怎么偏，表面上也做得不偏不倚。比如说，炖了一只鸡，有两只鸡腿，婆婆就给儿子媳妇各夹一只。

媳妇要认识到，婆婆偏心儿子、小姑都是正常的。如果婆婆有很多个儿子，婆婆也许还会偏心某一个孩子。与其埋怨这种偏心，不如坦然接受这种天性。媳妇可退一步想，再过20年自己做了婆婆或者岳母，说不定会偏得更厉害呢。

/ 媳妇偏娘家 /

深圳新闻网上有一个帖子："你们娶了江西的媳妇有木（没）有？最喜欢拿钱贴娘家有木（没）有？"我差点笑出声来。因为我身边好几个江西的女孩子，出嫁做媳妇之后，都是非常贴娘家的。

比如说我某同事，她工作前几年的钱基本上都贴回家了，因为老家还有一个弟弟。她的工资凑起来，在老家盖了全村最漂亮的房子，弟弟因此娶了满意的媳妇。弟弟因为能力有限，所以做姐姐的一路帮衬，直到弟弟有了孩子，姐姐还在帮衬着。

其实，哪里只有江西的女孩子贴娘家呢？如果你是一个备受父母呵护成长起来的女儿，你难道不会这么做吗？亲生的父母对女儿恩重如山，配偶的爸妈，一上来只是你法律上的爸妈，两对父母放到心上一比较，你更愿对亲生的爸妈好，更愿意回报他们当年对你点滴的照顾。在子女的内心深处，爱自己的亲生父母是一种天性，偏心是一种本能。做婆婆的要理解，做媳妇的也要懂得分寸和适当掩饰。

我的一位非江西籍女友，那贴补娘家可从不手软，有些是跟丈夫说了的，有些是私下偷偷给的。炒股赚的钱，公司发的几万块的奖金，在老公不知情的情况下，都贴给了娘家。女友说："有些事不想跟老公说，倒不是信不过他，只是怕他知道了心里难免有些不舒服，万一他再说漏嘴，让婆婆知道了，就更麻烦了。"

这世上没有不透风的墙，公婆如果知道了媳妇偏心娘家之举，也不必太过计较与纠结。想想看，你家儿子有没有对你们更体贴？想想看，媳妇不是石头缝里蹦出来的。你们抚养儿子付出了很多心血，亲家父母说不定比你们对孩子付出得还多。特别是婆婆，你想想自己嫁人之后，有没有偏心娘家的心理和行为呢？你当年偏心可以，如今媳妇就偏心不得吗？

再来问婆婆一个问题：一个女人嫁人之后，就把娘家父母忘到爪哇国去了，对娘家小气得要死，那么你觉得，日后，你们老两口还能指望媳妇来孝敬你们吗？有良心的媳妇，会偏心于娘家，没良心的媳妇，也将失信于婆家。

/ 驾驭偏心 /

多数的人都是偏心人。首先偏心自己，然后偏心家人。在家人中，又先偏血亲，再偏姻亲。扪心自问，在你的心目中，谁排第一，谁排第二?

承认了自己与别人都偏心，就要懂得巧妙掩盖自己的偏心，使别人不至于反感。同时，看淡别人的偏心，对自己所受的忽视坦然接受。我们不仅要坦然接受偏心的天性，还要懂得利用这种天性。

儿子媳妇在深圳收入丰厚，房子装修得很有品位。然后婆婆来了，不但把家里的纸品、塑料制品等收起来待卖，还从大路边捡废品，堆在家里的阳台上、客厅角落，攒起来卖。媳妇希望老公出面沟通，老公却不理。媳妇生气地说："这个家，被你妈整成垃圾堆了。"最终忍不住，与婆婆发生了正面冲突。

我一位男性老乡遭遇了同样的事情。听到妻子的抱怨之后，老乡认为妻子说得有道理，把母亲找来谈心。他肯定了母亲勤俭持家的美德，但也表达废品放在家里实在难看，他要母亲把废品留给楼道里的清洁工，他自己每月补贴母亲“废品损失费”100元。母亲从此不再捡废品回家。

帮另一半达成心愿，是有技巧的。如果只是当一个传声筒，效果可能很不理想，但如果把配偶的意愿视为自己的意愿，可能会立竿见影。儿子说“妈，我老婆说你不要把废品堆在家里”，婆婆听了容易对媳妇生气，但如果儿子说“妈，我觉得你没必要把废品堆在家里”，婆婆听了是儿子的想法，可能就接受了。这种方法其实很简单，不过是巧妙地利用了父母对亲生子女的偏爱与宽容罢了。自己做“主犯”，配偶做“从犯”，往往能获得“宽大处理”。

Ⅱ / 与时俱进

历史走到今天，人类已从男尊女卑的时代，进入男女平等的时代。婆媳之间的关系可松可紧——夫妻都可以离婚，婆媳如果合不来更没有必要一辈子在一起死磕。

这是媳妇的美好时代，也是婆媳的朋友时代。互敬互爱，才是和谐婆媳之道。

旧时代“一边倒”

东汉献帝年间，现安徽省境内发生了一起由婆媳矛盾引发的夫妻双双殉情的民间悲剧。

聪明能干、心灵手巧的刘兰芝和焦仲卿两人感情深厚，但为婆婆不容，一定要赶其回家，儿子求情反遭母亲搥床痛骂。仲卿只得让兰芝暂回家门。话别之时，两人誓不相负。兰芝回家后，县令、太守相继为儿子求婚，兰芝不为所动，一一回绝。

但其兄为了攀结权贵，步步相逼。兰芝被迫之下选择允婚，其实已做了以死抗争的打算。仲卿闻讯，责问兰芝，兰芝道出真情，许下诺言，并约定黄泉相见。结婚当晚兰芝投河自尽，仲卿听后也吊死树下，这就是“一人举身赴清池，一人自挂东南枝”。最后两家求得合葬，葬后两人双双化鸟，告诫世人。一对恩爱的夫妻，因为婆婆容不下而相约赴死，便有了《孔雀东南飞》的千古绝唱。

伟大的南宋爱国诗人陆游也遭遇了母亲棒打鸳鸯的不幸，一曲《钗头凤》令世人传唱至今，几多悲伤，几多无奈。

封建时期的婆媳关系，可用三个字来总结：一边倒。那时候的婆婆，在媳妇面前拥有无上的地位。如果碰上一个慈祥善良的好婆婆，当媳妇的真得欢呼“命好”，万一摊上一个狭隘整人的婆婆，媳妇也只有暗叹“命苦”的份。

“一边倒”的婆媳关系最大的特色是婆媳矛盾简单化。反正都是婆婆说了算，媳妇服从就是了，能有啥矛盾呢？做媳妇的，跟婆婆“闹”矛盾的胆子都没有。那时候，年轻媳妇的出头之日在哪里？就在“多年的媳妇熬成婆”。

/ 两种文化打架 /

从人类社会产生以来，大致有三种社会性别制度。

母系性别制度——以女性生殖力为主动力的生殖力时代。能生孩子的女人占据了至高无上的地位。

父权性别制度——以男性体力为主动力的体力时代。女人体力弱于男人，反复地怀孕、哺乳、带孩子，逐渐远离体力劳动。慢慢地，男性占据了支配地位。在父权时代，家庭成员地位尊卑基本上按三种关系来划分：按辈份关系分，长辈的地位高于晚辈；按年龄关系分，长兄的地位高于弟妹；按性别关系分，男性的地位高于女性。从这样的秩序出发，父亲的地位最高，年轻媳妇则排在“末位”。

男女平权制度——以智能为主动力的时代。男女共同享有政治、经济、教育等各项权利，男女平等、人人平等成了主流意识。

新中国的成立，刹住了封建观念的车轮。通过颁布和大力推行婚姻法，鼓励妇女尤其是城市妇女参加社会工作等手段，男女平等思想在制度上和意识形态上得到空前推进。改革开放不仅带来了经济上的变化，人们的视野也开阔了，更加注重个人意志与自由表达。网络时代的人，自我意识更加强烈。这个时代的年轻人，更加崇尚“我的人生我做主”“我的地盘我做主”。“丁克”夫妻令婆婆大跌眼镜，代孕更令老人家觉得不伦不类。

历史的车轮滚滚向前，谁也无法阻挡。但是，我们不得不承认的一个问题是：惯性。我们踩下了封建车轮的刹车，但因为惯性，父权文化仍然流存于现今社会。我们可以在法律、制度上进行“一刀切”，却无法对人们的思想“一刀切”。

当年，婆婆的成长环境里，不可避免地有着较重的父权思想，而媳妇的成长环境里，平权思想占了主流。看上去婆媳俩区别最大的是年龄，而实际上，她们之间区别最大的，是脑袋里的思想。

	父权时代	平权时代
女人地位	男尊女卑	男女平等
婚后居住方式	媳妇住公婆家，入赘女婿住岳家	可住公婆家，可住岳家，可自立门户
婆媳关系	婆婆地位高于媳妇	婆媳地位平等
家务活	婆婆可支配媳妇	夫妻共同分担
养老	媳妇给公婆养老	子女更喜欢给亲生父母养老
继承权	男性继承	男女皆有继承权
孩子	重男轻女	男女一样，女儿被认为更体贴父母

/ 双重标准自由切换 /

婆婆说：以前的媳妇多好啊！低眉顺眼没脾气，操持家务不抱怨，侍奉公婆很周到……
媳妇说：以前结婚，都是婆家提供房子，“嫁汉嫁汉，穿衣吃饭”，女人都不用出去工作……

领导们说，搞管理，关键要搞好平衡。其实，过日子又何尝不是？嫁娶的规则同样要讲平衡。旧时代的嫁娶，虽然是建立在男尊女卑的父权制度之上，但内部也不乏公平的因素。女方家里含辛茹苦把女儿养大之后，女儿却嫁到婆家贡献去了，所以，婆家给女方彩礼、准备婚房等。

现在是父权时代与平权时代的转型期，观念有些混乱，可以说，当下并没有固定的嫁娶规则，也没有完美的模式，关键是当事人要通情达理、换位思考，基本公平才能和谐。但是，总有那么一撮人，以一己之私为念，在双重标准里自由切换，对自己有利的理论就拿来主义，对自己不利的规则都抛弃主义。结果，从结婚开始就闹矛盾，启动婆媳战争。

有的媳妇，在嫁人的时候一心想着夫贵妻荣，要求公婆出面给自己找好的工作，要求夫家买好房子，要求丰厚的彩礼等等。她们理直气壮地说：嫁入你们家，就是你们家的人了。如愿以偿之后，当公公婆婆希望她能够操持家务、相夫教子、侍奉公婆，她们又有话讲了：现在的年轻人都喜欢跟老人分开住，很多年轻女人都不做家务的！

一位婆婆对儿子说：现在又不是旧社会，男女平等了，结婚的事谁家有钱谁就应该多出，你岳父岳母有钱，就让他们多出点，他们也就一个女儿。后来，亲家出了大笔的钱买房，装修。婆婆到儿子媳妇的新房里，却俨然一个女主人，要求媳妇为儿子煮饭做菜，听自己的摆布。

自私自利的人，总是会尽量选择对自己有利的理论来辩解，哪怕理论之间彼此矛盾。但是，别人都不是傻瓜！当下，很多家庭在组建时观念交织，但是，无论多么复杂，只要本着权利与义务对等的原则来处理，自己没有付出，就不要求别人回报，别人对自己付出，就要懂得感恩，这样，家庭矛盾自然就会少。

/ 六颗脑袋 /

婚床上睡的是六个人。哪六个？肉眼看到的只是夫妻两人，但由于他们都来自于各自的家庭，在自己的父母影响下长大，他们脑子里的很多思想都不可避免地来自父母。婚姻，看上去是两个男女灵与肉的结合，却往往是六个脑袋的碰撞。

古话说，清官难断家务事。公说公有理，婆说婆有理，怎么去分辨对与错呢？家庭又不是法庭，没有一锤定音的法官，也没有人人必须遵从的法律条文，往往是谁也说服不了谁。

一位女友，其老公请婆婆来深圳带孩子，婆婆说："那是你们的孩子，我不带。"于是，女友就请自己的妈妈来带。这岳母带孩子受了苦，就埋怨女儿："这孩子跟你夫家姓，婆婆应该带，妈妈是替人受苦。"

一婆婆这样对媳妇说：“你是我们这个家里的人，你娘家应该只是你的亲戚，你要侍奉公婆，要把挣的钱花在这个家里。”媳妇说：“我出嫁的时候，婆家就给了两万块钱的彩礼，这点钱就把我从娘家买走啦？”

一个媳妇嫁入有钱人家，婚房是公公婆婆买的并一手装修的。婆婆说：“你看看这媳妇，嫁到我家里真享受，住着我们那么好的房子，连饭菜都不会做，害得我儿子天天有上顿没下顿的。”媳妇很委屈：“我从小也没做过什么家务，就是书念得好。我与老公在同一个单位上班，工资都挣得差不多啊，为什么一定要我做饭？房子是公公婆婆买的不假，但房本上又没写我的名字。”

其实，很多的矛盾都来源于思想观念的矛盾。人是时代的产物，人与人的互动方式都有着时代的特色，要认清自己的言行，就必须先认清自己所处的时代。目前，我们正处于父权制度向平权制度的转变时期，是旧思想逐渐转变成新思想的更替时期，有的人“转”得快，有的人“转”得慢，所以导致了整个社会的观念多元化。

其实呢，婚姻说到底毕竟是夫妻两人的，所以，在这六个人当中，最重要是年轻夫妻两人的思想要贴近。来自父母的东西，取其精华，去其糟粕。婚床上睡六个人太挤了，我们要有礼有节地请父母下床。

/ 小两口断奶 /

一个人成长起来，要想不受父母的影响很难，但我们不能一直生长在父母的羽翼之下。不错，父母是孩子的第一任老师，但老师教的东西也未必都正确。当我们长大成人之后，我们会从社会上学到更多的知识，形成自己的观念，形成自己的生活习惯，当我们准备缔结婚姻的时候，我们应当是一个成品，而非是一个半成品。一天到晚把“我妈妈说”挂在嘴上，人家会怀疑你究竟长大了没有。

结婚成家后，夫妻两人都应该“断奶”。

“断奶”首先要从经济上开始。小夫妻总得有自己的家庭收入才不至于当“啃老”族；小夫妻手里有钱，才能支撑起新家的体面与尊严。

“断奶”，最重要的是心理层面上的。孩子长大成人之后，与父母之间应发展出一种成人之间应有的界限。一个适婚男人要懂得，一旦结婚，在孝顺父母的同时，也要维护好自己的小家。有些男人在一些事件的处理上，本应该是以听从妻子的意见为主，却反要妻子与他一同听从公公婆婆的意见，令妻子感觉处处受公婆的约束。有的年轻妻子好像没有长大一样，身子虽然睡到了丈夫的床上，脑袋还停留在娘家，事无巨细都要向娘家父母请示汇报，令男人觉得很烦。

“断奶”，还表现在生活习惯上。有的男人从小到大过着衣来伸手、饭来张口的生活，甚至洗澡都要母亲来搓背。女人找了这样的男人，与其说结婚，不如说把一个成年孩子领回了家。有的女人从小一点家务也不会做，如果遇着一个同样的老公，难道要请一辈子保姆？而如果，小夫妻两人都会做一点家务，并懂得彼此分担，家庭生活必将井井有条。

有的男人，虽然不富裕，但是他顶天立地，业已“断奶”，可以为女人缔造一个完整的家，如果父母不恰当地干涉内政，他会想办法让父母停止插手，给妻子一个女主人应有的自由；有的男人，虽然很有钱，但是他依附于父母，还未“断奶”，他选的对象、他所建立的家庭，都脱离不了父母的掌控，做妻子的虽然生活富足但精神上未必舒畅。同样，女人“断奶”成功，才能够胜任妻子与母亲的角色，否则，很可能把小日子过得乱七八糟。

/ 三家鼎立 /

旧时代，结婚是两个家庭的事。新时代，结婚是三个家庭的事。

结婚是两个家庭的事，这一说法用来总结父权时代的婚嫁方式比较适合。在新时代即男女平等的平权时代，结了婚，就意味着一个新家庭的诞生，这是区别于双方父母家庭的第三个家。

有些年轻的女性，还没结婚就跟未来的丈夫声明，不与公婆同住。是想回避婆媳矛盾也好，是想独享个人空间也罢，总之，现在，这也不算是新鲜刺耳的话题了。况且，分开住并不是意味着永远，而只是在长辈还健康、能自理的情况下各自生活。如果长辈需要照顾了，自然会想办法提供照顾。

深圳作为移民城市，是特别明显的“第三家庭”的诞生地。在这里，很多年轻男女组建新家庭时，双方父母都在千里之外。独立地盘的新家，是乐陶陶的二人世界，是可以脱光衣服裸奔的自由王国。很多女人觉得，这才是婚后自己真正的家——我的地盘我做主。

然而，二人世界总有被打破的时候。一些老人来深圳做“候鸟”，冬季来这里避寒，春天暖和了再回内地。一些老人更是结束了内地的生活，来这里与晚辈同住至终老。姐妹们抱怨：“自从婆婆来了之后，啥都不对劲了。”婆媳之间最主要的冲突是：这个家，到底谁说了算？

就这件事，我特地咨询过心理专家。专家告诉我，这类婆媳矛盾比较常见，问题的症结在于，婆婆没能摆正自己的位置。在儿子媳妇的小家庭里，媳妇是家里的女主人，儿子是家里的男主人，婆婆与公公虽然是长辈，但也只是配角，要对儿子媳妇的主权地位给予应有的尊重。对于儿子媳妇的事，婆婆只有建议权而没有决策权，不能强迫儿子媳妇按自己的喜好办事。

孩子已长大成人，做长辈的就要心甘情愿地把自己的角色由“家长”转为“顾问”，由“主角”转为“配角”，不要再以武断的家长作风摆婆婆架子。作为婆婆要从心里尊重媳妇的独立人格和地位。

一个女人走进婚姻，如果不能按照自己的意志主宰自己的家庭生活，这样的婚姻对女人而言又有何意义？如果老公们不能站在这个高度上去看待婆媳问题，而是一味地强求媳妇对母亲无原则地退让与尊重，那么，媳妇在婚姻中品尝到的只能是痛苦而不会是幸福。

婆家、娘家、新家——自从民政局的红章盖在结婚证上的那一刻起，就三足鼎立了。三个家庭里，各有合法的夫与妻，各有男主人与女主人。

/ 婆媳且战且退 /

因为有了婚姻关系，才有了婆媳关系。旧时代结婚，想的是天长地久；现时代结婚，想的是能撑多久。因为现代的离婚率高，导致婆媳之间且战且退。

旧时代婚姻是一辈子的，婆媳关系也是一辈子的。媳妇嫁进婆家，以侍奉公婆为天职。随着婆婆操持家务或管理家庭，对婆婆要“早请安，晚汇报”。婆婆是“领导”，是必定要以家法家规来约束媳妇的言行的。媳妇喜欢也好，不喜欢也罢，都必须臣服于婆婆的领导之下。

时代不同了，高离婚率导致婆媳关系也变得脆弱。很少有夫妻敢在结婚时断言自己永远不会离婚。一些夫妻还没领证就互相设防了，首先就体现在财产的处置上，比如婚前财产公证、生活支出AA制什么的。夫妻之间，不再是一方说了算。男女平等之后，女人思想开放了，见识多了，不再以男人的意志为意志了。如果说，现时代的婚姻存在约束力的话，这约束力是相互的。即使男人不要求离婚，女人也可以主动提出离婚了。离婚率高成了现代社会一个不争的事实。

高离婚率引起了很多婆婆的担忧。在儿子媳妇婚前，婆婆不敢给媳妇太多的见面礼，婚后，又不敢给儿子媳妇太多的财物，怕儿子媳妇一旦离婚，所有的付出打了水漂。不仅如此，还要监督儿子媳妇的财产分配，怕儿子被媳妇欺负了，万一离婚落个人财两空。有的婆婆教儿子买房子写一个人的名字，让媳妇出钱搞装修，万一离婚，房子还是儿子的，装修却是带不走的。一些媳妇也有同样的想法。面对如此脆弱的夫妻关系，婆媳之间更难掏心掏肺了。

从婚姻一开始，婆媳就不一定住在一起。有些是因为媳妇不愿意，有些是因为婆婆也不想插手年轻人的生活，只要条件足够，就分而居之。那些因条件局限或者其他因素婆媳同住的，如果关系不和，就容易浅尝辄止，提出分开来住。婆媳关系从属于夫妻关系，为了确保夫妻在一起，婆媳关系得为夫妻关系让路。

/“可怜”的婆婆 /

婆婆在厨房里炒菜，越炒越生气，心火比灶火还旺：媳妇下班回家啥都不做，周末还嚷着要到外面去吃大餐。想着想着，见媳妇回家了，婆婆冲口便对媳妇说：“我在这里是我炒菜，我回老家之后就你炒菜。”媳妇顺嘴说：“你儿子也可以炒菜嘛。”婆婆听了更气：“你命好些？！我给你炒菜不够，还叫我儿子给你炒菜。”媳妇顶嘴说：“我跟老公一样上班，怎么就一定是我炒菜了？”

在浓重的父权文化笼罩下成长起来的婆婆变得很可怜：无人接班，很难指望媳妇伺候自己。现在的媳妇多走上职场，忙于工作必定疏于家务。旧时代的婆婆，有了媳妇就等于有了家务的帮手；现在的婆婆，想媳妇接下家务的接力棒的愿望落空。而且，现在的媳妇讲究民主、平等，做婆婆一句话没说好，媳妇也是不会客气的。婆婆主政的旧时代一去不复返了。

有一次，我与女老乡谈及婆媳平等的话题。她说："婆媳怎么可能是平等的呢？"我就问她："那么，你觉得是你在婆婆之上，还是婆婆在你之上呢？"她认真地想了想，恍然大悟似地说："要说这婆媳关系，看上去是她在我之上，实际上是我在她之上！"见我纳闷，她说："我的婆婆毕竟是我老公的妈，所以，我对她是客客气气的。但是，她是一个没读过什么书的农村妇女，现在年纪又一大把了，说话做事反应都慢了。而我呢，读了大学，年薪20万。陪她逛街、看病的都是我。没有她，我能玩得转，请个保姆就是了；没有我，她在深圳生活很难哪。"

有一位女友，特别喜欢上网站里的婆媳论坛，还跟老公说起婆媳论坛里好多媳妇在发帖声讨婆婆，说现在的婆婆真不好。她老公不以为然地说：因为婆婆们都老了，基本都不上网，所以只能由着你们这些媳妇去说，要是婆婆们能说会写，论坛里一定也少不了婆婆们声讨媳妇的帖子。

年轻的媳妇越来越强势，她们绝对不让婆婆"骑"到自己头上，时时搬出人人平等的社会制度，要求婆婆平等待人。时代在发展，观念在转变，人们不得不承认一个趋势：婆婆对媳妇的控制力越来越小，婆婆能从媳妇身上享受到的服务越来越少。

婆媳“闹”离婚

我们结婚，不是为婆婆而结。我们离婚，可能为婆婆而离。

我曾经在相亲现场遇见一个在电视台工作的中年男子。我问他是为何离婚的，他说是因为婆媳矛盾。我问他：“当年你妈有错还是老婆有错？”他说：“都有错！现在来看，其实当时可以不离的。”只可惜，这世上没有如果，只有后果。

有多少爱可以重来？有多少婚可以不离？有人说，离婚如果不是因为外遇，大多是因为婆婆。现在的离婚率挺高，到底有多少婚姻是因为婆媳矛盾而解体的？确切的数据恐怕很难统计，毕竟很多人在离婚理由一栏里写的是“夫妻感情破裂”，却没有点明感情破裂是因为婆媳矛盾。

旧时代女性经济上依附于男人，即使感情没多深，两口子也能各司其职，不会轻易离婚，但现代社会讲究“情感婚姻”，人们一旦发现婚姻与期望值相距甚远，就会选择放弃，所以离婚率高。婆媳关系处理不好，会严重破坏婚姻的幸福感，导致小夫妻不得不放弃婚姻，来终止婆媳关系带来的痛苦。

一对夫妻结婚之初与公婆同住，两三年下来，婆媳没少闹矛盾。有了孩子之后，矛盾激化了。后来，夫妻俩买房单独居住了。起先，夫妻两人逢年过节都会拎点礼品、包个红包去看公婆，保持一定的礼数，但是，婆婆一会儿说媳妇给钱给少了，一会儿嫌礼物不合心意了，当面冷言冷语，一来二去，媳妇干脆不登门了。她说：“犯不着自己送上门去找罪受。”婆婆大为光火，要求儿子带媳妇来上门朝拜。媳妇坚决不屈从婆婆的意志。几年冷战下来，婆婆向儿子提出：“要么你要她来拜年，要么你跟她离婚。”媳妇的态度是：“离婚可以，绝不朝拜。”儿子觉得一家三口的小日子过得还可以，不想离，于是在母亲与妻子之间两头哄。

如果夫妻感情不错，婆婆却因为看不惯媳妇而逼儿子离婚，这样的婆婆也不是什么省油的灯！为了惩罚一个不顺着她的媳妇，去牺牲儿子还有孙子的幸福，这是一个善良的母亲与奶奶应当干的事吗？

如果，男人因为母亲相逼而与妻子离婚，让孩子去做一个单亲家庭的孩子，这样的男人又怎么称得上是个称职的父亲呢？当年口口声声说要给妻子幸福，却在分不清对错的时候，草率决定离婚，只是为了让母亲称心如意，这又怎么能称得上是一个合格的丈夫呢？

做妻子的，也要掂量一下利害关系。如果想保住婚姻，又不想丈夫为难，就算婆婆有不对，为了丈夫和孩子，是不是也要有忍让的精神呢？

/ 婆媳的朋友时代 /

旧时代，父母对孩子有绝对的控制权。新时代，父母偷看孩子的日记都会被指责为不尊重孩子的隐私。我们都在说，父母不要做管制型的家长，不要把权威看得过重，不要一厢情愿地说教，而是要做孩子的朋友。

媳妇也是成长于现代家庭，也是备受父母的尊重长大的，在娘家与父母做朋友，出嫁之后，也是一个自尊心强的媳妇，怎么可能接受一个管制型的婆婆呢？

相较于旧时代，现在的媳妇基本上都自尊心强，原因主要有以下几点：

一、媳妇是娘家的掌上明珠。以前的父母多子女，而且受重男轻女思想的影响，女孩子一般被看轻。现在的70后、80后，一般是独生子女，就算女儿也被父母疼爱有加。

二、媳妇的文化素质整体提高。现在父母们花在女孩子身上的“血本”一点也不比男孩子少。在很多领域，女孩子和男孩子一样优秀，是社会的栋梁之材。

三、媳妇可以出去工作。旧时代的媳妇，基本上只有相夫教子一条路，现在的媳妇，可上班，可不上班，机动灵活，不一定要仰人鼻息。

四、财权有法律保障。农村女孩一样能分田地。妻子不上班照样与丈夫拥有夫妻共同财产。

现代社会人人平等，婆媳也应该是平等的。就算是亲生的儿子也不愿意处处受制于父母，更别说是媳妇。儿子念着母亲的养育之恩，对老妈自然会多让几分，但媳妇是娘家妈妈养大的，对婆婆可就没有那么强的包容心了。现在的媳妇，多数愿意与婆婆和谐相处，但是，一旦婆婆对她百般挑剔，她也不会忍气吞声。婆媳之间，不再是管制与被管制的关系，而更像是一种平等的朋友关系。

朋友之间的分分合合，完全出于自愿，可以随时开始，也可以随时终结。这种松散而自由的关系，进退自如，较少会闹到很难堪的地步。将婆媳关系定位为朋友关系最明智。

Ⅲ/钱

中国缺少全民浪漫的基础，钱是婚姻中不能回避的话题。

有人说：家庭就像股份公司，出钱多的一方，说话的嗓门自然就大一些。经济基础决定上层建筑，这真是一个放之四海而皆准的真理。天下没有免费的午餐。得到了，就总要有付出。“找平”，是人的天性。

/ 女人有钱牛起来 /

是什么导致了旧时代的媳妇地位低下？是因为依附婆家。

是什么导致了新时代的媳妇地位提高？是因为有了财权。

正如西方的女权主义兴起与欧洲工业革命同步一样，经济地位提高，势必就会要求提高政治地位。媳妇拥有了财权，家庭地位当然就要提升。

在封建社会，妇女作为男子的附属物，既分不到生产的土地，也没有宅基地，导致“生女不如生男，女孩子是赔钱货”的观念。旧时代嫁女，叫作“嫁出去的女儿，泼出去的水”。女方家基本上与男方家做的是一锤子“买卖”，收一笔彩礼，算是对抚育女儿这么多年的补偿。男方家给出了一笔可观的财物，等于“买”到了一个媳妇，从此，这个女人“生是夫家的人，死是夫家的鬼”。而现在，女人拥有了自己的财权了。当一个人能自己解决生存的需要时，他就独立了，独立之后，自然就会想着自主与自由。

在单位上，最怕下岗的一般是没有本事的人，他们觉得离开这个单位之后，找不着比这更好的工作了，所以他们一般都会对领导阿谀奉承，生怕被炒了鱿鱼。这类员工，就好像旧时代的媳妇，找不着退路，只有拼力保住眼前这一条路来活命。媳妇们想：呆在婆家不爽，回到娘家可能更不爽，好歹为丈夫生了几个孩子，这日子还是有个盼头的。至于婆婆，就忍她一下吧，反正等我熬成了婆婆，就扬眉吐气了。

在单位上，敢不服领导的人往往是那些有真本事的人。他们会想：虽然老板与我是雇佣关系不假，但我们在人格上是平等的，如果老板不尊重我，对不起，请另请高明，反正我到哪里都能干出一番成绩，又不是靠着你才有饭吃。所以，这类员工往往该“叫板”时就“叫板”。新时代的媳妇，往往就像这种牛气的员工。

/ 如何看待婚姻坡度 /

婆婆说：“我儿子工资比媳妇的高多了，钱还被媳妇管着，吃老大亏了！”媳妇说：“我当年不想让你儿子吃这个亏来着，你儿子倒是非求我结这个婚哪！”

在中国目前的婚姻市场上，普遍存在“婚姻坡度”，一般是“女向上找，男向下找”，即女人都喜欢找经济地位比自己高的男人。除了婚姻坡度的理论，还有一个原理叫“婚姻能量守恒”。意即，夫妻之间，在这方面得到，必将在另一方面失去，在某一方面付出，必会从另一方面获得回报。用“婚姻能量守恒”来解释“婚姻坡度”，也许会让婆婆们恍然大悟。

婚姻，既不是搞慈善，也不是搞扶贫，谁也不是冲着“吃亏”去结婚的，一定是有所图。男男女女，挑挑拣拣，最后走在一起的基本上都是半斤八两。也许你会说，话不能这讲，也有特例呀。是的，这样的例子极少，所以才叫“特例”，我们讲的是柴米油盐的普罗大众。这天底下，就算会有无缘无故的爱，也难有无缘无故的婚姻。在物质上占了便宜，就要在精神上吃点亏。中专生嫁给了博士后，在家里，嗓门大的是博士后。穷小子娶了富家女，多在岳家的安排下生活。平凡女嫁给了多金男，老公出去应酬，自己得耐住寂寞。穷男人娶了女老板，只好低调地哼哼“爱就是包容”。经济学家说，天下没有免费的午餐，一切人类行为都有相应的成本。

儿子收入高，媳妇收入低，婆婆就觉得媳妇占了儿子便宜，这有点一叶障目。你的儿子并不蠢！不要只看到媳妇工资低，也要看到她的优点与资本：是不是她会持家，是不是特别漂亮，是不是个子特别高，是不是特别温柔，是不是特别贤惠，是不是承诺会照顾公婆，是不是与儿子的性生活特别和谐，是不是他需要找个女人来对他仰视等等。你儿子选这个媳妇，决不是图她工资低，而是图她某些方面的好。问题要综合来看。

问世间情为何物，乃是一物降一物。只要儿子媳妇对婆婆尽了应有的义务，至于他们内部是如何吃亏占便宜的，你别管，省心，也省矛盾。

父母的钱

中国有句古话：儿孙自有儿孙福，莫为儿孙做马牛。实际的情况是，子女实在有困难，做父母的怎么能置身事外？问题就来了，有的父母，投资给自己的子女，却把人情算到媳妇或女婿一方的头上。

一位婆婆，儿子个矮，为了增加儿子的竞争力，替他买了一个非常漂亮的房子。筑巢引凤非常成功，漂亮儿媳妇住进了新房子，婆婆却有些心理不平衡了，口口声声说媳妇享了她天大的福。媳妇说："我就是想不通，婆婆为她儿子买房，不就是为了娶媳妇吗？"

有位岳母，女儿结婚时一手包办，连女婿身上的名牌衣服都是她掏钱买的。本来嘛，大龄女儿能够嫁出去，父母够高兴的了。但是女婿进了家门，岳父岳母却又是另一番想法了。想着这女婿没花什么钱就找了个条件优越的妻子，常常含沙射影要女婿孝顺点。

很多父母，都甘愿为子女付出，但是眼见着媳妇或女婿沾光，却不那么甘愿。这种想法可以理解，但天天耳提面命，现在的年轻人多数受不了。

是的，老年人也值得同情。退了休了，无职无位、无权无势了，切实拥有的，除了积蓄就是自己的孩子。把自己的辛苦钱全部贡献了出去，给儿子娶媳妇，或者为女儿作嫁衣裳，存折上没有钱了，心里难免发虚，不免盯着晚辈，怕他们不孝顺，落个人财两空，晚年无靠。毕竟，社会上这样的例子并非没有。

有句俗话：亲生仔不如近身钱。虽然这话很没有人情味，但是，从中可以看出老年人的焦虑。为了老人心理踏实一些，年轻人不该掏空老人的积蓄。老年人都喜欢“深挖洞，广积粮”，所谓“手里有钱，心中不慌”。子女有困难想找父母帮忙在情理之中，但是，没资格把父母的钱当自己的钱来使，我们可以向父母借。

作为子女，沉下心来想想，父母养你到20多岁了，难道还欠你什么吗？父母的钱是父母的，他们给了你，你要懂得感恩，他们没给你，你也不能记仇。那些处心积虑地掏空父母积蓄的子女，就是打着亲情的幌子实施温情脉脉的抢劫。

/ 房钱事大 /

对于现代家庭来说，最大的开支就是购房款。其他如买车、买家电的钱，小两口基本上付得起，唯独这动辄几百万的房款，是很大的压力。是小两口有多少钱办多大的事，还是举双方父母之力把房子买了，做法各有优劣，但最好都是在自愿公平的前提下，否则难免会有矛盾。

一个女孩在男友家做客。准婆婆说："你们结婚吧，我和他爸准备买套房子给你们。"有一天，男友跟她说："趁吉日先去领了证吧。"一证到手，婆婆立马改口："你们还是跟我们一起住的好，房子不买了。"媳妇觉得被婆婆骗了。

还有一对情侣，商量买房时，公婆表示能出20万元当首付。等两人真的看好房子要付款了，公婆又说钱都用来做其他投资了。情急之下，女方父母出了这笔首付。一想起这事，女方父母就埋怨公公婆婆毫无信用。

还有一对情侣，约好女方出首付的一小部分，女方也是心甘情愿的。岳父岳母已经把钱都打到女儿账上了，男方买房后却私下里在房产证上只写了公公的名字。回过头来找媳妇划账时，女方问男人房产证上为啥不写他们俩的名字，男方的理由是怕写了自己的名字后享受不了政府机关的房补政策。女方就追问："那办房产证之前，为啥不跟我商量？"最后，女方拒绝支付这部分房款，一气之下将钱转回娘家。为此，亲家间结下了梁子，日后的磕碰不断。

在房子的事上，老辈一定不要欺骗小辈。这个社会已经处处缺少诚信了，难道连家人之间也要靠骗？为房子的事闹得这么不愉快，使婚姻生活从一开始就有了相互防备和怀疑，又如何能拥有真正的幸福？

同样，小辈也不可逼迫老辈。老人心甘情愿就算了，如果是被小辈逼着买房，就说不过去了。有些媳妇说，还是自己攒钱买房子好，房产证上有自己的名字，这日子才过得更有底气。经济基础决定上层建筑。说到底，新家要想获得与婆家、娘家的平等地位，最要紧的是经济上独立。

/ 见面礼彩礼 /

很多事，有规则还好办，按照规则办就好了。但是当今世上人情来往并没有规则，婚姻这本糊涂账引发了很多的误会与矛盾。

婆媳之间的金钱关系，从见面礼就开始了。晚辈该给长辈送什么，长辈该给晚辈包多大的红包，全中国都没有统一的标准。在离婚率如此高的今天，就更别提分手率有多高了。对于家公家婆来说，不可能一见面给你砸个金蛋蛋。但是，有的女人就认这个死理，第一次登门如果空手而归或者觉得公婆的见面礼给得少了，就觉得公婆将来会看不起自己。其实，见面礼不仅包括礼金、礼物，还有礼仪、礼貌、礼节、礼遇等等，不能把财物作为衡量准公婆诚意的唯一标准。

大婚在即，彩礼又成了一个问题。现在，养儿可以防老，养女也同样可以防老。越来越多的人清醒地认识到，彩礼是旧社会“买卖婚姻”的旧习惯，不值得现代人传承，更不值得现代女性把它当成衡量自己身价的标准去追求。但因为各方理解、做法不同，彩礼仍然是麻烦制造者。

我有一个女朋友，结婚时男方给了两万元彩礼。当地农村普通农家嫁女也是两万元彩礼，而我这个女朋友是大学本科毕业的，女方家认为彩礼至少要加一万元，以示区别。结果，婆婆很不高兴，当着女方家里亲戚的面吐槽媳妇："是一坨什么东西！"结果，这话就传到了新媳妇的耳朵里，几年下来仍耿耿于怀。

如果女方没有要彩礼，婆家人谨记：日后婆媳矛盾中，婆婆千万不能骂媳妇"便宜货"，老公也不能说妻子"倒贴"，否则就太不厚道了！

有一种父母，儿子娶媳妇的时候不愿给彩礼，对外吹嘘儿子能耐，嫁女儿的时候却狮子大开口，对外吹嘘女儿高贵。这种父母，真讨人厌！

现在的女方父母要彩礼，虽然也是为了面子，但更重要的还是为了女儿的幸福。有的女方父母用彩礼购置家电家具作为嫁妆，有的则考虑到当今婚姻的不稳定，把彩礼替女儿存起来，以备不测。很多家长的思想也开明起来，认为女孩子婚后仍然有很多机会孝顺父母，彩礼没有多大的意义。

现代社会，夫妻俩要有共识：结婚是两个人的事！把两人的储蓄、收入合计合计，该买房买房，该买车买车，没必要在彩礼上计较。如果女方父母一定要彩礼，小两口自己来出也未尝不可，没必要非让公公婆婆来出。

/ 母子共同财产 /

男人向女人表白“我爱你”，这爱是无法量化考核的，而钱，是看得见摸得着的。于是有女人说：“爱我，就把你赚的钱让我管！”很多女人认这个理：男人若肯把赚到的钱给你花，不能证明他一定爱你；男人若不肯把赚到的钱给你花，则证明他一定不爱你。其实多数妻子管钱，也并不是为了自己挥霍，只是为了家庭的开销更有计划性。

妻子管老公的钱，许多老公无所谓，但是，婆婆却容易心生不满。一位婆婆说：“我培养了一个这么好的儿子，胜利果实却被媳妇摘走了。”更有些婆婆不甘心，要自己管儿子的钱。

有一男子在父亲的公司上班，婚前工资卡归母亲管。婚后，夫妻与公婆同住，妻子全职在家操持家务。妻子要丈夫从婆婆处拿回工资卡，可是丈夫老说不好意思开口，还说：“家里什么东西都买好了，你不用花什么钱，要真的想花什么钱，我拿给你。”可怜一个号称嫁入有钱人家的媳妇，手上可以支使的钱还不如一个普通的女白领多，娘家父母向她要点资助，就更难了。

老公的工资被婆婆管，已经够让妻子难受的了，居然还有女人把自己的工资也交给了婆婆！一位女人恋爱时得不到男友家的承认，后来，准婆婆提出了“约法三章”才让她进的门，其中一条就是，结婚后媳妇必须将自己的工资上交。婆婆还振振有词：“你进了我们家的门，就是我们家的人了，挣的钱归我管也正常。”

请问天下的男人们，你们愿意妻子的工资交给岳父岳母管吗？你们愿将自己的工资交给岳父岳母管吗？

养儿防老，积谷防饥，父母把子女养大不容易，子女有能力挣钱了，不待父母开口，都应当自觉拿钱孝敬。除去该孝敬双方父母的部分，夫妻俩应当享有支配家庭收入的主权，双方父母都无权干涉。至于小两口如何管钱，谁花得多，做公婆的都不应去管。夫妻之间的事，一个愿打，一个愿挨，旁人还能说什么呢？

/ 婆媳金钱观 /

有一次，婆婆回老家，我接手主理厨房，清理冰箱时看到七个揉成拇指大小的塑料袋，打开一看，里边是一小团猪肉，都是婆婆每次切肉留下来的。解冻之后，我用这七小块猪肉炒了一盘菜。一边炒，我一边思考婆婆为什么有这种习惯。

每一个人的行为，都有其背后的原因。听婆婆说，她在童年时代，因为亲人疏于照顾，差点饿死。我从未体验过，所以不能理解那究竟是怎么一种挥之不去的饥饿感。我只知道婆婆每次从老家来深圳，带得最多的就是菜，多到我家冰箱都装不下。

电影《阿凡达》在深圳热映的时候，我和老公力劝家公家婆也去看。婆婆说："花120元就看一场电影，划不来，还不如留着钱给我买衣服。"好说歹说，家婆终于同意去看了她有生以来最贵的电影。结果，她看了十分钟就冲了出来，说："吓死了，那怪物好像要冲过来。"在我们的劝说下，婆婆又再次折回影院去看。但是过了几分钟，婆婆还是被吓得跑出来，再也不肯进去了。我与老公觉得好挫败。

同样是一部《阿凡达》，我与老公看得津津有味，婆婆却难以忍受。人与之人间，看上去都是眼睛鼻子，却因为所走过的路、所经历过的事、所读过的书等等不同，有着巨大的差别。就算是一家人，同在一个屋檐下，父母也不能完全读懂子女，子女更不能完全理解父母，否则，家人之间就不会有矛盾和争执了。

一花一世界，一叶一菩提。每个人都有自己的生活背景和知识结构，因而有自己的观念和习惯。我们这些从小衣食无忧的媳妇们，是很难理解婆婆为什么这么抠门和节俭的。一个过惯了苦日子、穿着打补丁的衣服的婆婆，也很难看得惯一个动辄买一堆衣服的媳妇。

在《庄子》中，北海若曰："井蛙不可以语于海者，拘于虚也；夏虫不可以语于冰者，笃于时也。"意思是：对井里的蛙不可与它谈论关于海的事情，是由于它的眼界受着狭小居处的局限；对夏天生死的虫子不可与它谈论关于冰雪的事情，是由于它的眼界受着时令的制约。

/ 一碗水难端平 /

一位媳妇说，她老公是众兄弟里混得最好的，婆婆就把她与老公当“大户”看，经常到家里来“打秋风”。比如说，小叔子要盖房子，婆婆就出面向老公借钱。家里的桌子凳子婆婆看着合适的，直接就搬到小叔子家了。媳妇很不悦：“怎么小叔子没能耐，倒成了我们的责任！我们也不能总无条件地赞助吧？”

父母都希望自己的每个孩子都强大，看到哪个子女混得不好，会很心疼，想尽量提供帮助。偏爱强的，偏帮弱的，成了很多父母的惯常心态，也不排除有的父母是故意偏爱某子女。

我们兄弟手足之间，再亲密，在财务上也会分一下你我，但在父母的眼里，那些钱都是自己的孩子们的，没有什么严格的界线。他们觉得经济条件好的孩子帮助一下兄弟姐妹是天经地义的。有些媳妇因此不快。说到这里，我要提醒那些偏心的父母们：别做得太明显了，别做得太频繁了，别做得太过分了，要尊重一下儿子媳妇、女儿女婿的财产主权。做媳妇的也要学会宽慰自己，正是因为自己家有实力，人家才会向你寻求帮助。不妨在适当的限度内伸出援手，解人燃眉之急。

子女若看到父母投入不同，难免会有一些嫉妒，老一辈为了平衡他们的心理，其实可说是借钱，不说是给。至于父母身后的财产如何分配，不到最后一刻不必让子女知道。

/ 有时候谎言是“艺术” /

公婆那边有退休金，而且声明不要小两口的钱，所以小两口结婚之初供房压力大，就没给公婆钱。在一次闲谈中，媳妇无意中说起娘家父母因为是农村的，无退休金，所以从自己工作开始，十余年来，每月都给娘家父母几百元钱补贴。大概是婆婆越想越觉得划不来，隔几天后提出来，要儿子媳妇每月也给她钱。媳妇听了不太开心，每月月供达5000多元，再加上物业管理费、交通费、电话费等生活开支，经济压力非常大，公婆何必要在这个时候给小家庭施加压力？

这位媳妇有一次找一位老大姐诉苦，老大姐没有安慰她，反而说她：“你每个月给娘家父母多少钱，为啥要让公婆知道呢？他们要是不知道，不就没矛盾了嘛！”媳妇也很理直气壮地说：“我婚前就是这么给的，难道结了婚就不给了吗？这事正大光明的，难道还要撒个谎吗？”老大姐没好气地说：“这不叫撒谎，这叫艺术，你们这些年轻的媳妇，就是不懂处世的艺术，你看，自找麻烦了不是？”媳妇深深地反思，老大姐说得有理啊，以后一定要记得“艺术”二字。

另一位媳妇可谓非常艺术，她每年给娘家父母的钱都要多于给公婆的，但是她装得可公正了，一边叫娘家父母不要说出秘密，一边向家公家婆强调一视同仁，给的一样多。最绝的是，她还会背着家公，另外给家婆一份“私房钱”，说一些感谢婆婆带孩子很辛苦、儿子媳妇混得好了婆婆要穿好点之类的甜言蜜语，哄得家婆很开心。四个老人，被她料理得太平无事，老公还直夸她高明！这位媳妇得意地说：“现在很多公司都禁止员工互相讨论工资，就是怕知道后有人眼红造成人心不稳，有些事情嘛，该忽悠就要忽悠啦。”

买了贵的衣物，回家告诉父母其实是特价、很便宜的，父母会觉得我们占了便宜，自然高兴，要是觉得我们被宰，他们就会非常心疼我们的损失。婆媳之间尤其要注意这点。直来直去，易惹纷争。为了稳定平和的生活，一定要管住嘴巴。新闻贵在真实，但生活贵在幸福。有时候，为了生活的幸福，必须要说些善意的谎言。

Ⅳ / 婆媳同住

千百年来婆媳同住，从而有了千百年的婆媳矛盾。若结婚后住进婆家，对于新郎来说，只是枕边多了一个人，对于新娘来说，却是换了一个家。

若要在一个屋檐下和睦相处，婆媳双方都必须做到克己让人，互敬互助。若确实合不来就不妨分开，与其在一起折磨，不如给对方空间。

/ 同住的不方便 /

一位媳妇说，家公家婆从内地来深圳。家公最喜欢体育节目，无论是篮球、羽毛球，还是游泳、滑冰，家公没有不喜欢看的。老人家还是军人出身，除了体育台，就喜欢看战争题材的连续剧。家公一来，就成了客厅里的“座山雕”。媳妇以前最喜欢躺在沙发上看电视，自从家公来了，就基本上没去客厅坐过。家婆还像发现新大陆似的对媳妇说：“我发现你不怎么喜欢看电视哟。”媳妇只得苦笑道：“是呀，是呀。”

一位女婿说，不可能跟岳母在一起看马拉松似的韩剧，那气氛完全不搭调，只好把客厅让出来喽。

原生家庭的人一起住，矛盾少一些。儿子在客厅里看电视时，图舒服把脚搭在了茶几上，父母可能熟视无睹。如果是儿子在岳父岳母面前搭着腿看电视，就很碍眼了。同样的道理，媳妇在娘家可以趴在客厅的沙发上看电视， 在家公家婆面前肯定是不行的。媳妇说，与家公家婆坐在一起看电视，就像开电视电话会议似的。

有位老人家，女儿女婿住着深圳300多平方米的观湖豪宅，但他却住到附近小区的一套小房子里。女儿女婿家里够宽敞，完全可以住得下，我问他为什么另居，他说，女儿女婿忙于生意，起得很早，而他与老伴喜欢一觉睡到自然醒，通常是九点多才起。长期在一起，感觉很不方便，所以还是租房另住舒服。

一个人怕寂寞，几个人怕争夺。就连夫妻的二人世界里，有时候也会有争电视、争电脑、争马桶的事情发生，夫妻俩也有可能一人喜欢早睡，一人喜欢晚睡，一个人喜欢关窗开空调睡，一个喜欢开窗吹自然风睡。夫妻之间尚且如此，就更别说是一大家子人了。

日子各有各的过法，分开住更加自由。现在不仅是年轻人希望有二人世界，就连一些公公婆婆为了自由自在，只要条件允许，也不想与儿子媳妇同住，不想过多地介入儿子媳妇的生活。

/ 谁跟谁住 /

关于怎么住，旧时代基本上都是女人“从夫居”，招上门女婿是另一回事。进入新时代，《婚姻法》并没有规定婚后是男方到女方家住，还是女方到男方家住，婚后居住方式已经走入多元化时代，观念与做法有些混乱，因此造成了一些矛盾纠葛。

随夫住，仍然是比较普遍的方式。一般人还是认为，嫁入夫家的话，结婚的婚房应该是男方提供，生下的孩子随夫姓，是在替男方传宗接代。但夫家又提出新时代男女平等，房钱女方出也无妨，可是在定孩子姓氏的时候，男方则难以拱手相让。

有的女人在婚前就旗帜鲜明地提出与公婆分开住。她们这样做并不一定是嫌弃婆婆，而是担心与婆婆的关系处不好，与其彼此交恶，造成家庭不和，不如从一开始就保持适当的距离。但丈夫及公婆却未必能接受。

特别要提醒媳妇的是，因为父权时代的思维定势还在起着很大的作用，如果女方不提前提出来，一般男人都会认为是“从夫居”，或者小两口另立门户，较少有男人会想与女方父母同住。如果女方家里有让女婿同住的打算，最好一开始就提出来。

如果女方家等到大婚在即，才突然提出来要男方住到女方家里去，有的男人非常反感。在男人的尊严观里，娶老婆进门与随老婆上门是有很大区别的。有时候丈夫本人无所谓，但公婆的反应极大。一来，他们也不想将儿子送入别人家，二来以后养老颇为不便。如果儿子家里已有岳父岳母两座泰山，公婆就无法再与儿子媳妇长住了。公婆完全没有思想准备，只好立马跳起来反对。

当下独生子女居多，小夫妻双方都是独生子女的比比皆是，双方老人容易争夺与小两口同住的机会。我有一个女领导，她自已住着一个套房，另外又买了一套别墅，空着。有天聊天我问她怎么不去住别墅，她答：“别墅以后留给女婿住。”我说：“那岂不是让你女婿占了好大的便宜。”她说：“你傻啊，我让女儿女婿住我的别墅，当然就是我去跟他们一起住养老了。”

/ 两家融合　新人被动 /

由于种种原因，很多小夫妻还是要与老人共住的，无论房子是谁的，都发生了家庭大融合。种种事例表明，两家融合，容易导致新进来的那个媳妇或女婿，在生活上比较被动。

先来说说媳妇与公婆共住的模式。这对于年轻的丈夫来说，没有什么不好，左边是共度了二三十年的父母，亲得不能再亲了，右边是同床共枕的妻子，也是亲得不能再亲的了。对于他来说，结婚，就是身边多了一个人。他左手拥抱亲情，右手拥抱爱情，生命中最重要的人都围着他，多幸福。但是，对于媳妇来说，结婚，是让她换了一个家。这个家里虽然也有被称作“爸妈”的两个人，但与原来家里的父母是两个概念，她甚至在婚后很长一段时间都难以自然地与他们相处。就算婆媳相处融洽，起初也会觉得拘谨；如果婆媳相处不融洽，那简直就是受罪。如果老公一点也不讲道理地站在了公婆那一边，在这个家里，她会强烈地感觉自己势单力孤，有理无处讲，有冤无处诉。为了打破这种被动的局面，媳妇的出路之一是：搬出去，哪怕是租房子。目的就是经营起与老公的二人世界。这样，才能随心所欲地过自己的生活：想高声唱歌就哼一曲珠穆朗玛，想睡懒觉就睡它个日上三竿。一个字——爽！

如果女婿与岳父岳母共住，种种的不方便，相信女婿也同样会感觉得到。媳妇那种被动的心情，相信女婿也会在天长日久中产生。你在父母家里赤裸上身纳凉，当着岳母的面这么干就会觉得尴尬。对岳父岳母讲话，不敢像跟父母讲话那般直接。有没有夹着尾巴的感觉？所以，“身陷”岳家的男人同样也会同“身陷”婆家的女人一样，想着将配偶拉出去，另立山头。

你只是身边多了一个人，而对方却是换了一个家，所以，当两家融合到一起过的时候，我们一定要多关心那个新人。对方为了你，把自己投身进来，难免会有一些陌生感，会有一些拘谨，也害怕矛盾。看上去是一家人，但里面的关系却亲疏有别，你的父母虽然可以对你很好，但未必能对你的配偶也那么好。所以，在这个家里，你是配偶最大的依靠，你应该成为最关心他的那个人。

/ 三个家庭同居难 /

曾经认识一位深圳的女企业家，采访她从一张床到别墅的奋斗经历。她与老公有钱后在蛇口买了一栋别墅，将双方父母请到一起来住。别墅够大，还有好大的后花园。两对老人欣欣然地来了。小两口想着父母从此跟着他们过上幸福的日子，结果却是南辕北辙。在接下来的一段时间里，夫妻俩都被搞烦了。双方父母成天在自己孩子面前说亲家的不是，小两口每天生意很忙，回来还要处理双方父母的矛盾。夫妻俩都有维护亲生父母的心，有时候也易有冲突。别墅快成战场了。后来四个老人都嚷着要走，走的时候还撂下话来："以后叫我们来，就别叫他们来！"

2009年春节，准备步入婚姻的小李与她的男友就向同事们高调地宣布，春节期间要将双方的父母都叫到深圳团聚，把大事议定。春节之后，有人问小李情况如何，她说："别提了，第一天见面，两对老人就差点打起来，接下来的春节，简直就是水深火热。以后再不叫他们一起来深圳了。"

老夫老妻有时候都喜欢指责对方是老顽固，更何况“老顽固”们碰到一起，难免状况百出。有些亲家，就算不住到一起都处得不好，更别提被“关”在一起了。小两口如果不想找罪受，就最不好要让双方父母住一起。

不知道这天底下有没有四个老人长住还其乐融融的例子。这样的四个老人，一定都具备海洋一样宽广的胸怀吧。或者，小两口就得具备消防官兵一样的应急处理能力，具备外交官一样高超的交际手腕。

/ 人际距离 /

美国社会心理学家霍尔曾经针对人与人之间的物理距离做过调研，他发现我们之间存在着四种类型的人际距离：

<table>
<tr><th colspan="2">名 称</th><th>大 小</th><th>场 合</th><th>人 群</th></tr>
<tr><td colspan="2">公众距离</td><td>360厘米~760厘米</td><td>正规场合、正式距离</td><td>陌生人之间</td></tr>
<tr><td rowspan="2">社交距离</td><td>较远</td><td>120厘米~360厘米</td><td>正式的公务性场所</td><td rowspan="2">个人交往</td></tr>
<tr><td>较近</td><td>120厘米~210厘米</td><td>职场交往、商业会议</td></tr>
<tr><td colspan="2">个人距离</td><td>44厘米~120厘米</td><td>日常同事间接触</td><td>朋友交谈来往</td></tr>
<tr><td colspan="2">亲密距离</td><td>0厘米~44厘米</td><td>特殊关系的人之间</td><td>亲子、夫妻、恋人</td></tr>
</table>

一家人挤电梯，也不会有任何不自在。两个陌生人在电梯里，就会尴尬得眼睛不知道放到哪里去。同样的物理空间，不同的心里感觉，这感觉是由关系远近决定的。

现在很多媳妇不愿意与公婆同住，是因为她觉得与公婆之间心理距离大，因此就需要与之相适应的物理距离。但是，现实的情况是很多媳妇婚后与公婆同住在一个一百多平方米甚至更小的空间内。物理距离固定了，双方就必须调整自己的心理距离到达亲密。如果心理距离调整不来，对彼此会是一种煎熬。

中医里说，通则不痛，痛则不通。据说，一个人在全身通畅、没有疾病的状态下，甚至感觉不到自己肉体的存在。和谐的人际关系就是，当你想起另一人时，不会皱眉，不会纠结。一个令你开心的家不会让你在想起它时皱眉与纠结，你会有想回家的冲动。舒适的家人关系，必须是可以安放彼此的。一个真正和睦的家庭里，是必须每个人都有自我的，如果有人在这个家里找不着自我，这个人一定会想冲破这个固定距离，搬家另住，寻找到与这家人合适的远距离。现实中，往往有这样的子女，他们成年后不想与父母住在一起，就算是单身时，就算觉得寂寞，也愿意租房另住，他们说：“希望跟父母有一定的距离，比较自由自在。”

世界上最痛苦的事莫过于：我们必须生活在一起，然而我却不喜欢你。原本不是亲密距离之内的婆媳俩，骤然住到一个屋檐下，双方都要付出努力，关爱对方，培养出亲密的感觉。如果培养亲密不成功，就要考虑分开了。

/ 一言以兴家 /

人与人之间，交流多由“嘴”开始，交锋也多由“嘴”开始。同一件事，不一样的说法，可以产生完全不同的效果，所以古话有云：一言以兴邦，一言以丧邦。有的人说话很中听，甜言蜜语，舌灿莲花。有的人说话很难听，狗嘴里吐不出象牙。同在一个屋檐下，说话非常重要，话说得不好，以后可能就无话可说。无话可说了，还要住一个屋檐下吗？

有的婆婆不会说话。一位女友结婚前到婆婆家去做客。婆婆居然当场对男友的妹妹说：“你哥看了多少女朋友，最后只能找个这样的。”女友碍于自己是晚辈，没有当场发作，事后，她为此要跟先生分手，多亏先生左一个“对不起”右一个“对不起”才平息了风波，不过，结婚快八年了，她一直记恨着婆婆的这句话。

有的媳妇不会说话。婆婆到客厅里想看会电视，不懂怎么搞遥控器，看到媳妇来了，想让她帮个忙。媳妇一边拿过遥控器一边说：“这个你都不懂啊。”婆婆听了老大不高兴。老年人接受新生事物的确比较慢，但是又最怕脱离了社会，又最要面子，不想被人说“不懂”。

一岁多的孩子就能说话了，但不见得“会说话”。一位成功学家说：“一个人不会说话，那是因为他不知道对方需要听什么样的话。假如你能看透对方的心理活动，你就知道说话的力量有多么巨大了！”年龄大，并不意味着会说话，比如说婆婆。学历高，也并不意味着会说话，比如说大学生媳妇。

要想获得良好的人际关系，首先就要会说话。表扬的话人听人爱，关键是批评的话该如何说。

以前看到电视上的专家说，批评人要学会“夹心饼”的技巧。先肯定对方，再提一点批评，然后再提一点希望，把批评夹在表扬的中间。美国总统柯立芝有一次批评他的女秘书：“你这件衣服很漂亮，你真是一个迷人的小姐。只是我希望你打文件时注意一下标点符号，让你打的文件像你一样可爱。”

婆媳在批评对方之前，要学会停顿五秒钟，想想怎么做一个“夹心饼”。说话是一门艺术，但艺术归艺术，说什么话，最终是由心来决定的。我们都说“相由心生”，同样的道理，话也由心生。低调的人说出来的话较温柔、中听、贴心；强势的人，说出来的话时常令人感觉粗硬、难听、扎心。

我们说，就算没有口才，也要有口德。古语有云，“良言一句三冬暖，恶语伤人六月寒”，“祸从口出”，“非礼勿言”。一个“恕”字，就是由“女”、“口”、“心”三个字组成的，是不是可以这么解：女人，管理好自己的嘴巴，凭良心说话，就是“恕”。

/ 盲人摸象 /

2012年，我有幸参加了深圳市市民幸福促进中心的一个培训活动。活动中，我与大概20个人一组，每个人的眼睛都被严实地遮住了，我们排成一排，手牵着手，要在老师的牵引下走过一段很长的路。我们无法看见，也不许用嘴巴说话。一路上，我们鸦雀无声，只听到鞋与地面细碎的摩擦声。我全神贯注，当前面的成员高频率地晃动我的左手时，我就知道有危险了，马上用右手高频地晃动告诉我的组员。我们走了约半个小时的路，走过转弯，走过高高的坡，走过一长串的阶梯，有的人还差点跌倒。最后到达目的地时，我们获准揭开眼罩，欢呼不已。

分享感受的时候，很多人落泪了，尤其想到与家人的关系时。每个人都有自己的盲点，谁都有可能面对人生的坎坷，这个时候，我们需要家人的帮助与扶持。我们只有相互扶持，才能让老有所养，才能助夫成德，才能护妻安全，才能引导孩子顺利成长。其实，家人是彼此需要的关系，只可惜，很多人在争执之间，在计较得失之间，失去了家人之间美好的感情。

还记得我们在小学时学过的寓言《盲人摸象》吗？摸到大象的耳朵，就说大象像扇子，撞到了大象的腿，就说大象像柱子。生活就像一本永远也读不完的天书，我们每个人只是翻阅了书里的几页，却笃定地认为，自己的生活观念涵括了全部，然后说服别人接受自己的观点。这正犯了盲人摸象的错误。

我们都说，找对象就是要找一个有共同语言的人，要选择一个人生观、价值观、消费观、爱好等基本相同的配偶来过婚姻生活。我们会寻找一个观念匹配的配偶，却没有说要选择一个观念匹配的婆婆。观念不匹配的婆媳，就好比站在不同地点被蒙住双眼的“盲人”。

每一个人都存在着盲点，家人提出意见，往往是为了让你进步，并不是要否定你这个人，所以，不妨静下心来听听，有则改之，无则加勉。

V / 家务的问题

要支撑一个完整的家庭，赚家用与做家务都不能少。旧时代，男女分工很明确，男主外女主内。新时代，女性也在外面赚钱了，分工重新洗牌。

怎么分工，本该是夫妻的内政，请个保姆也未尝不可。有些老人家挺身而出给儿子媳妇操持家务，虽省掉了保姆的费用，却不见得省心。

/ 男女性别分工改变 /

妇女史学家杜芳琴在她的《中国社会性别的历史文化寻踪》中写道：中国的性别分工作为制度确定下来，始于西周周礼的制定。周礼把两性的活动空间和工作范围进行重新规范，将社会与家庭分为公、私，内、外几个领域。

“公”的领域：包括国家大事的祭祀与军事，及内政外交的国家事务，由男性贵族主宰，女性贵族与平民都无权参与。

“私”的领域：“公”以外的领域，有“外”“内”之分。“外”是指读书、做官、经商、种田、对外交往联络、养家糊口，这些是男人的职责。“内”是指生养孩子、侍奉老人、照顾丈夫、做饭洗衣、织布纺线，这些是女人的职责。

这一性别分工的致命问题是，女性没有经济收入，因为家务劳动是无偿的，只有靠男人挣到钱，才能维持一家人的生计，因此，男人的角色被强调，男人在家庭中拥有至高无上的地位。“公”的领域里，男人说了算，“私”的领域里，还是以男人为尊。这一分工，使男人崇拜权势、武力和财富，拥有这些，才能更好地养家糊口，成为强有力的家庭经济提供者；这一分工，使女人被强调要柔顺、忍耐，依附和臣服于男人，相夫教子，侍奉公婆，成为家人情感生活的照顾者。女人困守在家，每天重复着永无休止的家务劳动。整个国家由男人控制，游戏规则都由男人制定，不可避免地，所有的规章制度都朝着有利于男人的方向倾斜。男人可以三妻四妾，女人必须三从四德。

新中国成立之后，一夫一妻、男女平等制度推行。这短短的60多年，是社会发展迅速的60多年，也可以说是女人地位不断提高的60多年。男女性别分工已经颠覆，女性纷纷走上社会，走上工作岗位，赚小钱、赚大钱，各凭本事。

虽然女人在政界、商界还是比不上男人，但在家里，女人的地位是越来越高了。很多男人对妻子体贴了，给妻子平等的尊严。既然妻子也走向了社会，承担了一部分养家糊口的责任，丈夫也要把一部分精力投入到家庭之中，协助妻子做家务。家务活，再也不是女人一个人的事了。

/ 全职家庭主妇 /

有一种媳妇的身份比较“纠结”，那就是全职家庭主妇。全职家庭主妇与公婆同住与否，差别很大。

年轻的媳妇如果与公婆分开住，就自由自在多了。到底做多少家务，关键是自己与丈夫商量着办就好了。就算每天不做家务，出去美容、逛街，只要丈夫能包容，也无所谓。如果是婆媳同住一起，情况就不一样了。普通人家里，全职媳妇会被期待成为家务骨干。当丈夫甩开手去干事业时，基本上没有时间去照顾父母，自然会希望妻子来代替他照顾父母。做婆婆的觉得媳妇是靠儿子养活的，媳妇做家务是天经地义的。

一位全职媳妇天天做家务，婆婆什么都不做。当媳妇生下孩子之后，公公将一些家务接过去做了，婆婆还有意见，觉得媳妇“除了带孩子，什么家务都不做了”。谁都知道，一个人带孩子有多累。

有些全职妻子觉得，老向丈夫要钱，天长日久，难免会滋生一种由丈夫养活的感觉，自己都觉得心虚。一位媳妇说：婚后，老公说我赚的钱还不够他的零头，不如辞职在家。结果，辞职之后，就连我买件衣服公婆也要干涉，说我花他们儿子的钱大手大脚。最要命的是丈夫也开始对我找他要钱而颇有微词。后来我想通了，靠老公养活的人，又怎会被人重视呢？

前段时间曾经爆发过“让女人回家”的讨论。一些人认为，女人回家专职料理家务，可让家庭分工更加合理，也可以让出更多的就业机会。这个话题讨论了一段时间后，不了了之了。现在，很多女性还是以拥有事业为荣。一个全职家庭主妇，在社会上找不着尊严感，如果在家里又得不到尊重，谁还愿意干呢？

/ 男人做家务 /

当一个家庭里，夫妻两人必须有一个人放弃工作回归家庭时，99%是女人回归。男人可以神气活现地说：“老婆，你回家照顾孩子，我养你！”女人很难说：“老公，你回家照顾孩子，我养你！”传统的男权思想仍然存在，男人在家而女人上班，很多人就觉得不正常，觉得男人是“吃软饭”。

现实中也有“家庭主夫”。有位先生，已经是国有企业里的中层干部了，找了一个香港老婆之后，辞职在家做家务带孩子。人家的观念早就超越了所谓的男尊女卑，没有吃不吃软饭这一说。

有的男人喊自己不擅长做家务，借口！男主外女主内只是一种分工，并不代表男性就不擅长做家务。看看现在，酒店里大厨多数还是男性呢，也有男幼师、男保姆。有男人为了推卸责任，说男人心粗，女人心细，所以女人比男人更适合做家务。又是借口！难道那些IT企业的程序员设计程序时可以粗心吗？为啥绣花大师里也有男性，难道都要“欲练此功，必先自宫”吗？许多现代的研究显示，两性的生理性差异对所从事的各种工作并无明显的影响。

女人要求男人分担家务的呼声越来越大，所幸，现时代完全不沾家务、大男子主义的男人越来越少了。甚至有些男人在追求女人时，还以能做一手好菜为诱饵。现在的女人，喜欢“37度男”。何谓“37度”呢，就是人体体温的温度。他既不会温度太高，比如那种每天只想着事业成功、工作狂的男人，也不会温度太低，比如那种颓废、懒惰的男人，他收入过得去，重要的是顾家，愿意做家务，围着老婆孩子转。与这样的男人相拥，温度刚刚好。

不过，女人暂时还不能对男人提太高的要求，只要男人愿意力所能及地承担家务，且尊重妻子的劳动就很好了。话说到婆媳关系上，不管婆婆接受不接受，儿子被媳妇要求做家务已经成为一种趋势了。

/ 家务分工制度化 /

一位男老乡跟我说："自从有了孩子，家里就像打乱仗一样，还时常吵嘴，你们一定要吸取教训，要将家务分工制度化比较好。"我非常认同这个观点，所谓没有规矩不成方圆。一个公司要正常运转，必须有明确的分工，一个家庭要正常运转，也必须有明确的分工。家务，是天天都必须做的事，"定编定岗"，大家养成习惯，才能轻松。

粗粗算来，家务分工要遵从几大原则：

第一，婚前协商原则。有对夫妻婚前不讨论好家务如何分配，婚后两人都不想做饭，结果，下班之后就各回各的父母家吃完饭再回到新房子里过夫妻生活。双方父母都觉得这么做不像话。

第二，自愿协商原则。老婆要不要做全职太太，双方都必须协商一致，

不要到头来一个人说为家庭牺牲了事业，一个人又说独自养家太难，互相埋怨。公公婆婆、岳父岳母不愿双职工的子女请保姆，愿意替子女操持家务，那么，年轻人就会对你有所依赖，年轻人也要考虑给予父母精神上与物质上的鼓励。

第三，平等互惠原则。夫妻一起上班，一起料理家务，互相配合，今天你有时间有心情你来做饭，明天我有时间有心情我来做也可以。如果大家都长期不想做，请保姆或钟点工好了。

第四，长住非客原则。长住的亲人应该帮着做点家务。有个小姑子借住哥嫂家半年之久，既不出去工作，也不做家务。嫂嫂不满："我下班之后还得做饭给她吃，她没事在家上网，怎么就不能做饭呢？"婆婆与公公吵架，跑到儿子家里一住就是几个月，每天吃饱饭就拿着报纸晒太阳。久了媳妇也有怨言："婆婆这么年轻，健健康康的，在我带孩子忙不过来时，帮个手洗个菜也不行吗？"

第五，劳逸结合原则。老人操持家务，希望年轻人下班之后能接手家务，年轻人则希望下班后能放松休息，为此常有矛盾冲突发生。一对老人家给儿子媳妇做家务带孩子，心里很不满，觉得儿子媳妇每天下班回到家里啥事都不干，好像事不关己似的。老人家提出周末要休息两天，啥事不管，只管出门喝茶打麻将。小两口周末又要带孩子，又要做饭，叫苦连天。

家务分工要合理，要照顾到每个人的实际情况。分工之后，各管自己的一摊，这样才不至于天天打乱仗。自己主管的“业务”实在忙不过来，可以叫家人来搭把手。老年人觉得累，需要休息，年轻人也要帮着做一做。年轻人也需要休息，不想把周末耗在家务上，可以考虑请钟点工、到外面去吃，一家人集体放个假。

/ 儿子媳妇分家务 /

一位婆婆驾到儿子的婚房，看到婚房的灶台上居然蒙着厚厚的一层灰。婆婆非常生气，教训媳妇，认为自己花了那么多钱给儿子媳妇置办了婚房，媳妇却没有好好持家。婆婆还打电话给媳妇的父母，要他们好好调教女儿，亲家却不软不硬地回话说现在的年轻人都是这样。

当今的社会，虽然说男女平等，但评价一个女人是否是好女人，多数不是根据她的社会价值，而是看她是否是一个贤妻良母。受传统观念的影响，放眼当下，不论是在农村还是在城里，拿锅铲做家务的仍是女人居多。所以当小两口的家务无人操持时，婆婆首先会认为是媳妇的责任。

有一天我问一个非常宠儿子的亲戚："如果婚后是你的儿子给媳妇做饭吃，你怎么看？"她说："我儿子哦，连袜子都是我洗的。要是以后他给媳妇做这做那，我简直看不下去。"我说："保不齐还真的就是你儿子给她做事呢，那你怎么办？”她说：“那最好不要让我看见，免得我心疼。”我说她：“你的老公不是给你做了一辈子的饭吗，怎么你没心疼一下你老公呢？”呵呵，天底下有多少女人是这样的，希望丈夫给自己做这做那，却不希望儿子替媳妇做事。

在曾经风靡一时的婆媳题材的小说《双面胶》里，儿子李亚平给媳妇胡丽鹃做一点儿事，婆婆都会老大不高兴，为了照顾母亲的想法，李亚平一改平日对妻子的温存，要求妻子做家务，至少是要做给婆婆看，胡丽鹃没法，一肚子怨气地做。

一个女孩在网上发帖说，她妈妈年轻时手受了伤，提水、端锅铲炒菜都没法做，爸爸非常体贴她，就把家里的重活都包了，结果奶奶看不惯，说把儿子养大了，原来是用来伺候媳妇的。奶奶几乎天天都要骂妈妈，害得妈妈成天以泪洗面。女孩说，她童年时期非常恨奶奶，以至于前几年奶奶去世时，她一点也不觉得伤心，一滴眼泪都没掉。

在一些婆婆的眼里，媳妇伺候儿子天经地义，儿子伺候媳妇就是逆天。亲爱的婆婆，你照顾儿子心甘情愿，并不意味着你儿子就不能心甘情愿地照顾媳妇。小两口之间的家务分工，是他们的内政，作为婆婆最好不要去干涉。

/ 零家务 /

有一位媳妇说：白天上班去了，公公婆婆自然不会指望我做家务，但是，下班一到家，我就坐不下了，他们会指派我洗菜、洗碗啊什么的，但是老公一回家就彻底放松，在客厅里看电视或者到卧室里睡大觉。这媳妇忍不住向老公抱怨：“你妈心疼你是真，到底不把我当自家人！”

也许，婆婆们会认为，不就是做点家务嘛，犯得着上纲上线吗？家务活又不是拖煤、担谷子，无非就是煮饭、洗碗、搞卫生，这么轻松，为啥媳妇不愿意去做呢。媳妇上班不就是天天对着电脑打打字嘛，有啥好累的！有些老年人不理解理代社会的“累”，以为非得是做体力活才叫累。殊不知，一个职业女性要面对工作的压力、考核，多数不轻松。

年轻人认为上了一天的班已经够累了，下班之后就应该好好休息，才能为第二天上班养精蓄锐，周末更应该逛逛商场、散散步，或外出旅游，调整心情开始下周的工作。如果整日在上班与家务之间切换，生活质量太低，不如把家务活都交给保姆或钟点工。不少家政服务公司已经开始为抱着“零家务”态度的年轻客户推出个性化的家政服务。“家务社会化”似乎已经成了年轻人生活的潮流与趋势。

古话有云：儿孙自有儿孙福，莫为儿孙做马牛。如果小两口经济上能负担请保姆，做婆婆的，与其挺身而出兼“保姆”之职又惹婆媳矛盾，何不放手，就让他们去请保姆，自己也落个清闲。子女没有认为父母应当帮助做家务，做父母的也不要干涉他们的“零家务”。现在有些年轻人，还把“家政”作为礼物来送给父母呢。逢年过节，特别是春节前，很多人家里都会进行大扫除。一些年轻人自己没有时间或精力来帮助父母，又体贴父母的劳累，便找家政预订保洁服务，预付好费用，将“家政”作为礼物送给父母。

不过，那些推崇“零家务”的年轻人也要注意，有专业人士指出，家庭如果百分之百地实行“零家务”，容易造成夫妻间家庭责任感缺失，不利于夫妻的理解与交流。况且将来有了孩子，很多事还得自己做，不能完全依赖保姆，否则会影响亲子之间的感情。夫妻有时间一起做做家务是可以增进感情的，亲手做一顿饭给心爱的人吃，不仅仅是为了填饱肚子，还能让对方感受到浓浓的爱意。

Ⅵ / 婆媳江湖

有些婆媳，一上来就把对方当成是第三者：婆婆认为媳妇抢走了儿子，媳妇认为婆婆企图霸着丈夫。抱着这种心态相处，一点芝麻大的事都容易上纲上线。争人、争钱、争地盘，争得不亦乐乎，唯独苦了爱着她们的那个男人。

/ 别无选择 /

知名艺人小S曾公开坦言："结婚做人家的老婆不一定会幸福，除非你能找到一个很棒的老公和很棒的公公婆婆。"问题是，女人选择婚姻的时候，是选老公，而不是选婆婆。或者说，根本就没有时间和精力顾得上选婆婆。如果说，女人可以睁大眼睛，尽自己所能，在男人群里挑个好男人的话，能不能遇着一个好婆婆，则完全是靠运气了。

在缔结婚姻的时候，我们很少会去考虑婆媳是否合得来。婆媳关系是别无选择的，嫁这个男人，"搭"这个婆婆，有点像"买一送一"。对于媳妇来说，无论这个婆婆是多么不合自己的胃口，都得接受。

对于婆婆来说，媳妇也未必是自己喜欢的。旧时代，婚姻讲究"父母之命，媒妁之言"。儿子适婚时，往往还不太懂婚姻，相当于父母挑选一个中意的女孩，让儿子去接受。现在的男人选妻子，基本上是遵从自己的意愿，相当于儿子挑一个中意的女人，让父母去接受。即使父母明确表示不喜欢，儿子可能还是会娶。

听说有一个男孩，从农村考上了大学，在城里混得不差，家里还有弟弟妹妹，他出了不少钱给弟弟妹妹上学。后来，这个男孩看上了一个漂亮的农家妹，这农家妹家里负担极重，婆婆从现实考虑，死活不肯答应这门婚事，担心儿子的钱被这女孩子的娘家人瓜分了去。儿子个人非常中意这女孩，死活要娶她。最后，儿子顶住母亲的压力，把婚结了。婆婆一百个不愿意，听说还为了这事积郁成疾。

所幸很多婆婆变得越来越开通，只要儿子喜欢的，她们也就接受了，毕竟自由恋爱嘛，父母不宜横加干涉。

/ 下马威 /

旧时代的婆婆，喜欢给媳妇来点下马威，比如说向媳妇宣布家规、家法什么的。时代走到今天，有些婆婆同样在搞下马威这一套，但不见得奏效。旧时代用下马威收获的是“服从”，现今的下马威，收获的多半是“反感”。

一位媳妇在网上说：“结婚仪式结束后，婆婆叮嘱我，他们家不同于一般家庭，既然我进了这个家门，从此该说什么该做什么，就要严守他们家的规矩，不可以耍小性子，不可以指挥丈夫，要严格遵守妇道，要绝对服从长辈。哎！这不是明摆着要给我来个下马威，在向我显示婆婆在这个大家庭中的地位与威严吗？在她心里，一定是把我当作封建社会里任人宰割、任人蹂躏的小媳妇了。当时，我的心里真不是个滋味。”

现在的媳妇，可不是以前忍气吞声的受气包了，见招拆招，你不仁，休怪我不义。

一位媳妇说：人善被人欺，马善被人骑。刚开始一旦有人对你无礼，不要忍让为好，否则，日后欺负你是家常便饭。一个模式一旦建立，要想打破可就难了，千万不能建立你总是被欺负的模式。你的强硬，在这个你孤军奋战的地方，很重要。如果婆婆有过分的言行，媳妇不必一味忍让。知道你强硬，别人在找你麻烦的时候也会心存顾忌。咱不生气的时候就是绝对五好媳妇，生起气来绝对惊天动地。有些事情是原则性的，必须坚持。为了将来的安定团结，最初的相处还是必须把握好分寸和力度的。

媳妇遭遇婆婆的下马威时，如果直接发生言语冲突，总是会令气氛很难堪，以后也不太好见面相处。这时候，可以求助于老公，让老公向家婆表明你的态度。如果老公拖拖拉拉不肯去的话，你再找机会亲自说。不过，毕竟是初次交锋，没必要闹得太难看，婆婆不是太过分的话，媳妇可以点到即止，软硬兼施。

上纲上线

两代人相处，难免会有大大小小的矛盾，就算亲妈和子女之间都会有急眼的时候，更何况本来陌生的婆媳。既然婆媳矛盾不可避免，我们就不要动辄上纲上线，把一丁点问题上升到媳妇对婆婆没孝心、婆婆把媳妇当外人的高度。

一位女友生气地对我说，有一天她买回家几件衣服，婆婆看到了，说："你衣柜里的衣服都穿不完了，还花这么多钱去买，浪费。"这媳妇气鼓鼓地跟我说："我自己赚的钱自己买衣服穿，婆婆都看不惯，太不像话了。"我讪讪地说："呵呵，我有回400多元买了件夏天的裙子回家，我爸说几百元可以买一捆布了，还说我在深圳挣了那么点钱，都被人宰了。"我女友说："我爸妈也说过让我不要买太多的衣服，他们是心疼我的钱。"我说："你婆婆也是心疼你的钱啊，她并不是要把你的钱拿给她自己花，不是么？"我女友说："不知怎么的，同样的话，婆婆说的，感觉就跟妈说的目的不一样。”

有时候，媳妇容易上纲上线。婆婆与亲妈也许是说了一样的话，但是，媳妇听到耳朵里，就觉得亲妈是心疼自己，而婆婆是挑剔自己。转念想想，也许你是戴了有色眼镜看婆婆呢。

媳妇急着出门，一下子找不着钱包。婆婆正在客厅看电视，媳妇便急急地问婆婆：“妈，有没有看到我的钱包？”婆婆说：“我没有看到啊。”丢三落四的媳妇终于在一个角落发现了钱包，急急出门而去。晚上，丈夫对妻子说：“你今天说了什么话了，惹得我妈很不高兴啊。”媳妇发懵：“我没有说什么呀，你妈怎么生气啦？”丈夫说：“我妈说，你怀疑她偷了你的钱包。”媳妇犹如被打了一记闷棍，说：“天哪，想到哪里去了，我怎么可能会怀疑你妈呢？她犯得着偷我的钱包吗？莫说我钱包里平常只有几百块钱，没什么偷的价值，就算你妈问我们要几千块钱花花，我们能不给吗？”

在此事情发生之前，媳妇与亲生的父母同住时，如果出门时找不着钱包，会自然地问下自己的爹妈。而现在，为了一件这样的小事，婆婆上纲上线到如此的地步，婆婆敏感如此，怎能不让媳妇也变得敏感起来呢？日子过得如此小心翼翼的，家又岂能是让人彻底放松的港湾？

/ 话事女主 /

三口之家里，丈夫在外跑点小生意，妻子没有上班，儿子在寄宿学校。大白天，家里只剩下妻子一人，闷得慌，后来，全家人一致表决，养一只小狗。自从养了狗之后，妻子觉得快乐多了，经常去遛狗，顺便还减肥了。她早已经把这条小母狗当女儿一样地亲了，儿子也自称是“狗哥哥”，丈夫也自称为“狗爸爸”。但是，婆婆每次来儿子媳妇家，总要说他们不该养狗，总是要对狗凶几句。这媳妇看在眼里，心里埋怨婆婆：我在自已的家里养狗，关你什么事。有一次，婆婆居然飞起一脚，把小狗踢得嗷嗷直叫。俗话说，打狗也要看主人嘛。媳妇觉得婆婆这是在向她挑衅，婆婆踢狗那一脚感觉是踢到了自已的心上。

在媳妇看来，自已在家养条狗有何不可？不喜欢狗的婆婆怎么能理解她一个寂寞主妇的心情？再说，婆婆都不跟儿子媳妇一块住，只是偶尔来吃吃饭，犯得着对那个不懂事的狗狗大为光火吗？婆婆却认为，自已儿子的家里，自己连否决养狗的权利都没有，媳妇依然故我地养着那条狗，一条狗事小，媳妇不听自己的话事大。

就这家人该不该养狗的问题，我专门咨询了专家。专家认为：这狗该养。婆婆是长辈，晚辈必须尊敬，但并不代表她就能事事做主，什么都得依着她。该媳妇做主的事儿，婆婆也该让着媳妇。

一山不能容二虎，一家不能两女主。一个家里，必须只有一个女主人说了算，婆媳意见不统一的时候，得听女主人的。谁的地盘谁做主，婆媳两人，该如何认定地盘呢？家公家婆的家里，女主当然是家婆。媳妇是儿子娶进门来的“新妇”，断然不可能到这里来做主。大多数的媳妇也都有这个自知之明。

在小两口的家里，如果公婆只是偶尔来，媳妇想养条狗，儿子也喜欢，那公婆也是可以不用干涉的。但如果公婆因年迈来养老，长期居住，不喜欢狗，出于孝顺，哪怕很喜欢狗，儿子媳妇也可以考虑不养这狗了。这是儿子媳妇做出的让步，公婆应当予以肯定和表扬。

/ 婆媳互视为“第三者” /

有的婆婆认为媳妇是夺走儿子的“第三者”，有的媳妇也认为婆婆是要跟自己争宠爱的“第三者”，婆媳关系有了这个作为基调之后，基本上不会太好，也让她们争夺的“标的物”——男人，左右为难。电视上曾有个药品广告，打的就是“婆媳牌”。丈夫生病了，婆婆说“中药好”，媳妇说“西药快”，丈夫在婆媳的争执里大叫“中西结合”，说的就是这种男人的生活状态。

对于婆婆来说，她十月怀胎生了他，给他喂奶、喂饭、洗澡、洗衣服，陪他玩，陪他学习，帮他找工作，甚至为他挑选女朋友，给他买房子、装修。作为一个细心周到的母亲，对儿子的付出事无巨细，点滴成河，恩重如山。在她的心目中，这个儿子是她生的，是她养的，是属于她的。然而，媳妇出现了，一切都不同了。

一个婆婆吃醋地说："儿子每次回家，首先就是问媳妇回来没有，然后就问孙子在不在家。"有时候，看着儿子在客厅的沙发上搂着媳妇温柔地说话，婆婆的心因为吃醋而一把把地揪紧。

一些婆婆适应不了从单纯的母亲到婆婆这个角色的转变，把媳妇视为"第三者"，而且，越是那些对儿子付出得多、把儿子视为唯一寄托的母亲，失落感越大。网上有个帖子，说"四类婆婆最容易刁难媳妇"，位于前两位的就是寡妇婆婆和独生子婆婆。当然，凡事都不是绝对的，只是说儿子在这两类婆婆的生命中占有很高的比重，她们容易对媳妇产生排斥和敌意。

有些媳妇也觉得很委屈，她觉得婆婆才是那个令她不愉快的"第三者"。想当年，丈夫追求自己的时候，百般迁就。然而，婆婆来了，一切都不同了。婆婆对自己指东指西、说三道四时，他躲得远远的。婆婆是对的，自己肯定要服从；婆婆不对的时候，自己也要忍让。直到婚后才明白，老公眼里只有他的老妈。眼见着婆婆在儿子婚后还一如既往地粘着儿子，媳妇心里也有些"吃醋"。

/ 相互当外人 /

媳妇在产床上因为难产昏迷了，产房外发生了一起争执。丈夫要签字“保大人”，婆婆却要签字“保孩子”，因为一脉单传，媳妇肚子里怀的是男孩子。这时，媳妇娘家的弟弟与妈妈赶到，一定要“保大人”，争执之中，小舅子拿一把水果刀架到了姐夫的脖子上，男方才签字保大人。结果，母子平安。本来大家商议把产房外的争斗隐瞒了下来，不料却“东窗事发”。小舅子向姐姐姐夫借钱做生意亏了，于是又跑来借。姐夫同意，姐姐不同意。弟弟觉得姐姐过分，愤而将当年那一幕掀了出来。结果，这媳妇哭着闹着要离开这个家。她说，想着在一桌吃饭的这些人，当年要放弃掉自己的性命，就觉得没法在一个屋檐下呆了。

姑且不论结局如何，单从这件事来看，在婆婆的心目中，媳妇到底是外人，死了可以让儿子再娶，孙子要是没了，以后还能不能有个男孙就不一定了。在娘家人的心目中，外孙没了，可以再生一个，女儿没有了，就真的没有了。

网上还有一个这样的帖子。春节前夕，儿媳按习俗给婆婆做了一身衣服，兴冲冲地送给婆婆试穿，突然听见老人屋里有说话声，透过玻璃窗向里一看，顿时惊呆了，只见婆婆正把儿媳送来的鸡蛋、腊肉、罐头往自己女儿的提包里塞，还说："快装好，别让你嫂子看见了！"儿媳心头像塞了块冰。

既然是儿媳妇送给她的礼物，婆婆就有完全的处置权，这事如果没让儿媳妇听到，不就天下太平了嘛。人与人之间的感情是相互的，婆婆把媳妇当外人，媳妇也会把婆婆当外人。一位媳妇说：结婚前我就想好了的，公婆把我当自己人看，我也就把他们当自己人看，他们要是不亲近我，我也不会亲近他们。

并非所有的婆媳都见外。有些婆婆认为媳妇比女儿更需要团结。有些媳妇也认为，婆婆比妈妈还值得回报。一位婆婆说："我长期是要和媳妇呆在一起的，女儿毕竟是嫁出去了，所以媳妇更像是自己人，我得跟她搞好关系。"一位媳妇说："结婚之后，都是婆婆帮我操持这个家，与婆婆朝夕相处更像母女，而千里之外的亲妈，因为走动得少，有时候甚至忘了她的生日。"

/ 挟子相争 /

很多婆媳矛盾的产生，不是一个两个的原因，不是一日两日的积怨，发展到最后，婆说婆的道理，媳说媳的原由，双方都觉得自己是对的。有时候，婆媳争到最后，并不是争一件事的对错，纯粹成了争一口气。

怎么才能争赢呢？婆婆有一个制胜的法码，那就是儿子。婆婆可以冷脸跟儿子说："我生了你养了你，难道还要受这个外来女人的气吗？"作为儿子，同情母亲，所以这招往往能够奏效。

说到底，在情感的天平上，多数的儿子都是倾向于母亲的。很多时候，男人来不及分清婆媳两人的对错，就不得不站在了母亲这一阵营。一男人在网上说："老妈总是说我娶了老婆忘了娘，这几十年算是白养我了，我想帮老婆说几句公道话都不行。"为了让父母开心，许多儿子都选择让妻子让步。一些婆婆掌握了儿子的心理，在一次又一次与媳妇的较量中占据了上风，因此气势水涨船高，慢慢地不把媳妇放在眼里了。

在一忍再忍中，有些媳妇就失去了耐性，奋起反击了。婆婆的威严受到威胁，吃惊之余更加不依不饶了。为了让媳妇彻底臣服，一些婆婆甚至使出了“杀手锏”，对儿子说：“你给我离婚，不离婚就别认我这个妈！”这个时候，做儿子的也觉得挺为难的：妻子也没犯什么十恶不赦的错误，与妻子、孩子的日子过得还不错，怎么能离婚呢？可是，老妈不让步怎么办？母亲养大自己不容易，现在老了，还要让她日日以泪洗面，也不行啊。为妻子舍弃父母，很多男人做不到，必须要做这道“二选一”的选择题时，只好为父母舍弃妻子。

当媳妇也生下了孩子，她也就有了反击的筹码：丈夫可以为了老妈和我离婚，也可以为了他自己的孩子不和我离婚嘛！这类媳妇喜欢给丈夫出题：“你要跟你娘过，还是跟你儿子过？”大多数丈夫疼爱孩子，不想孩子生活在单亲家庭之中，于是，妻子也就找到了“挟孩子以令丈夫”的杀手锏。一个重视血脉的男人，重视母亲也必定重视孩子。怎么办？这已经不是当初的“二选一”了，变成了选亲妈，还是选老婆孩子。

一边是婆婆挟儿子，一边是媳妇挟孙子，女人何必这么好斗呢？分出了输赢，真的就得到了幸福吗？

/ 比拼家事能力 /

《国际婚姻家庭指导师》一书中这样总结：姻亲关系的冲突，最常见于婆媳之间与妯娌之间，其中最大的原因是女性们都扮演类似的角色，因为“婆婆”也是做媳妇的，无形中易相互比较，于是产生唠叨与不满，若再加上生长环境、教育程度、社会地位的差异，更造成婆媳间的隔阂，所以婆媳冲突占姻亲冲突的九成。

婆婆是“资深媳妇”，媳妇是“新手媳妇”。作为老一辈，婆婆有些经验的确值得媳妇学习和借鉴。但是，有些婆婆不是做一个诲人不倦的好老师，却处处在拿自己与媳妇进行对比，窥视、考量媳妇的言行举止，以老资格对媳妇进行“挑剔”“抱怨”和“训斥”。婆婆最看不惯的，是现在女人不会操持家务、不会节俭、不会关怀家人。

新时代的女性，从小就被父母往“主外”的角色培养，他们希望女孩多学习知识，将来找到安身立命的工作，很少有父母会培养女儿长大做个全职主妇。女孩跟男孩一样进学校学习，课本不分男女。所以，男孩女孩多数十指不沾阳春水，长大都想当“人才”。如果后来“不慎”当了全职主妇，也是肚子里有墨水的厉害角色，说不定还能甩出一本博士文凭呢。媳妇最不喜欢婆婆把老一套硬往自己身上套，看不惯婆婆很多做法不科学、落伍、唠叨、以男人为一切。

婆媳在家中论道，如果合得来，则双方都会提高水平，如果合不来，则可能一拍两散。婆媳两人在切磋中，如果不注意语气、方式，就很容易走火，让互相切磋变为互相攻击，走入“婆媳相轻”的怪圈。

说句实在话，媳妇也许比婆婆学历更高、见识更广，但不见得比婆婆更贤惠。所谓术业有专攻，从小念书的媳妇在家务上很可能比不上从小做家务的婆婆。婆婆呢，虽然是资深家务专家，也不见得就一定能很科学地安排现代家庭的事务。低调谦虚、取长补短才是长久相处之道。亲情第一，比赛第二，大家的目标是共同把家务操持得更好，而非评出谁优谁劣。

/ 相互猜疑 /

很久之前，山边住着一个猎人和他年幼的儿子。猎人养了一条忠诚的狗，每当猎人外出打猎，狗就在家看护着他的儿子，从不懈怠。有一天，猎人刚回来就被眼前的景象震惊了——儿子不见了，只看到那条满嘴是血的狗。狗竟然吃掉了自己的儿子！他愤怒地举起了猎枪，狗倒在枪口下。这时，儿子从床底爬了出来，哭着说："爸爸，你走后，有一条大蟒窜到屋里，我好怕啊！幸好有这只狗保护了我，可怕的大蟒被它咬死了……"

有时，眼见都未必为实，又何况捕风捉影的猜疑呢？多疑和敏感是许多女性的特点。一点风吹草动就猜东猜西，而且总喜欢把人往坏的方向猜，这种秉性不仅影响夫妻关系，也影响婆媳关系。有些婆媳就走入了互相猜疑的怪圈，总是怀疑对方在针对自己，往往会造成"说者无心，听者有意"的误会。

有一天媳妇在客厅里抱着儿子玩时说："你真是命好啊，一生下就是百万富翁了，这房子可是爸妈花一百万买的哦，以后都归你啦。"婆婆听了不舒服，就背地里找儿子倾诉。当晚，丈夫又对妻子说："你是不是嫌她没出钱给我们买房子？"媳妇觉得莫名其妙，自己从来没有想过去占老人家的便宜，婆婆真是多心。某天，丈夫下班回家，被婆婆叫到房里去了。大概十几分钟之后，丈夫才从婆婆的房里出来去卧室，媳妇连忙跟着进去，问老公："我今天洗碗时不小心打碎了一个碗，你妈是不是又说了我坏话？"丈夫："你想多了，我妈是跟我说老家有个表舅病逝了。"

猜疑是人性的弱点之一，很多的婆媳矛盾起源于猜疑，有的是"听风就是雨"，有的是空穴来风。猜疑得多了，就容易得疑心病。疑心病是一种心理疾病，不但会影响自己，还会影响他人。有疑心病的人，总是虚构一些因果关系去解释别人的举止言谈。

相敬如兵

中国近代著名学者王国维说，治学有三种境界。这婆媳矛盾，从小闹到大，一般也要经过三种境界。第一境界为“相敬如宾”，第二境界为“相敬如冰”，第三境界为“相敬如兵”。

家庭暴力在表现形式上可以划分为身体暴力和精神暴力。身体暴力就是我们说的硬暴力，殴打、捆绑、残害、强行限制人身自由等即为典型的硬暴力。精神暴力也叫软暴力，家庭成员间长期不说话、情感上的漠视、言语上的刺激等即为典型的软暴力。软暴力虽然不如硬暴力那般明显，但它造成的损害不可小看，轻则令人心情压抑，重则诱发心理疾病，更为严重的是造成自残、自杀，软暴力也会转化成硬暴力，导致大打出手、家破人亡。

2006年7月，深圳一儿媳下班回家发现女儿发烧，与婆婆发生口角，双方话说得很难听，媳妇忍不住踢了婆婆两脚，男人推搡了妻子一把，媳妇就冲到厨房拿菜刀朝自己的手一顿乱砍，剁掉了左手拇指。那男人说，自从母亲来深圳带孩子后，婆媳时常爆发矛盾。

2007年7月31日凌晨，一件“媳妇锤杀婆婆”的惨案发生于福田区石厦的一套复式房内。媳妇林某婚后八年一直没有生育，案发前一个多月，林某的老公因涉嫌走私被刑拘关押。某日凌晨1时左右，婆婆赵某睡不着，与媳妇在一楼客厅说话，结果两个人吵了起来，发生扭打，媳妇一怒之下锤死了婆婆。

在与深圳一河之隔的香港，2008年4月21日，婆媳发生争吵，既是儿子又是丈夫的男事主调解未果，说了句“好烦”就气愤地走进卧室，不料片刻之后他竟从11楼跳下，当场死亡，以这种极端的方式来逃避婆媳争端。

婆媳之间的战争，也可以很血腥很暴力。夫妻感情不好了，可以离婚。婆媳相处不愉快，完全可以分开住，千万不要在一起死磕。如果能从“相敬如冰”回到“相敬如宾”固然好，就算不能回去，也千万不要发展到“相敬如兵”。

Ⅶ / 恰似母女

双赢的婆媳有智慧，双败的婆媳不聪明。

当你用食指指着别人的时候，无名指、中指和小指却是指向自己的。当我们指责别人不关心自己的时候，有没有问自己，是否对别人付出了爱？和谐的婆媳关系必须是婆婆与媳妇共同努力的结果。

/ 双赢才能永赢 /

读过这样一个故事：一些无衣无食的人向上帝乞讨，上帝给他们各发了一些食物和一把手柄很长的勺子，限定他们只能用手握住勺柄，依靠勺子吃食物。上帝还告诉他们，十天以内死去的人将下地狱，十天以后还活着的人则上天堂。因为勺子的手柄太长，其中一群人无论如何也没法把食物送到自己嘴里，最终，他们全都下了地狱。而另一群人，他们互相喂给对方吃，于是全都上了天堂。

包容、沟通、共进，可以让我们的人生峰回路转，命运起死回生。决定我们去天堂还是地狱的人，就是我们自己。仔细想想，婆媳矛盾究竟会带给生活什么？

我的一位女友，与老公在深圳奋斗到家庭年收入近百万，却一脚踩进婆媳矛盾的深渊里，苦恼不已。难道这么多年的奋斗，只是为了跟老公的亲妈分个胜负吗？她婆婆也不容易，把儿子送到大学，儿子毕业后来深圳开创事业，娶了媳妇生了孩子，老人家也该享清福了，却成天跟媳妇搞冷战，搞得家里像战场。难道这么多年含辛茹苦地培养儿子，就是为了找个媳妇回来斗吗？

能成为一家人，那是天大的缘分，我们应珍惜。老想着去战胜，闹得心情抑郁，已然输了全局。社会上流行这样的说法：上流社会人捧人，中流社会人比人，下流社会人踩人。此理用于家庭亦然：上流家庭人捧人，中流家庭人比人，下流家庭人踩人。人性最深刻的渴望就是希望得到别人的赏识和爱护。得到别人的赞美与帮助越多，往往就越想回报别人。人与人之间，都喜欢找一种平衡。

穷人问佛陀：“我为什么这么穷？”佛陀说：“因为你没有学会布施。”穷人说：“我什么都没有，怎么布施？”佛陀说：“一个人即使没有钱，也可以布施五样东西。一颜施，即微笑处事。二言施，多说鼓励赞美和安慰的话。三心施，敞开心扉对人诚恳。四眼施，用善意的眼光看别人。五身施，以行动帮助别人。”婆媳之间如果能做到这五种布施，相信关系一定会相当融洽。双赢的婆媳有智慧，双败的婆媳不聪明。

婆媳非母女

在我结婚前，我听到不少女人谈到婆媳关系。她们中的很多人都觉得婆媳关系很难搞，谈起婆婆也总是很多的怨气。我那个时候还未嫁作人妇，听这些已为人妇的亲友谈婆婆，总觉得她们很不孝顺，怎么能跟婆婆这么相处呢？要知道，你得喊婆婆做“妈”，怎么能这么讨厌和评论她呢？我那时候想，无论我以后的老公是谁，既然我选了他做老公，就一定要待他的妈妈如亲生的妈妈。事实证明，我的认识太肤浅了。

后来我结婚了，刚一开始，自我感觉与婆婆相处良好。但从老公的婉转言谈里，才知道婆婆对我有一些微词。这让我很震惊！我自以为在克己忍让，为什么还不能讨好婆婆？！后来，与婆婆的矛盾渐渐由暗转明。到后来，婆婆对我有不客气的时候，我对婆婆也有不客气的时候。如今，我与婆婆已经做了近八年的婆媳，期间，有欢笑，也有泪水。到现在，我与婆婆之间也不算完美的和谐，但是，我对婆婆的本性认识得更

清晰，她也更加了解我的本性了。我觉得，我们找到了彼此之间合适的距离。

我终于承认，我无法与她有亲如母女的关系。也许，这在老公看来，会比较遗憾，也许，在一个男人的心目中，母亲与妻子和谐共处，是最完美的事之一。我只能对老公说：臣妾做不到啊！婆媳虽然以母女相称，但怎么可能与亲生的母女关系相提并论？

在很多婆婆的眼里，媳妇与亲生的女儿是有很大区别的。母亲把女儿从50厘米带到160厘米，互相之间有千万次的吻。天底下多数的母亲都一样，希望把最好的东西留给自己的孩子，甚至在危难时刻，把生的机会留给孩子。媳妇来到婆婆的面前时，已经婷婷玉立，她的成长过程，婆婆没有参与。

在很多媳妇的眼里，婆婆与妈妈区别不是一般的大。“婆婆”一词在英语中叫“Mother in law”，意思是“法律上的母亲”。媳妇会抱着妈妈脖子撒娇，但很少会抱着婆婆的脖子。媳妇会端起亲妈的茶杯喝水，但不会与婆婆共茶杯。女儿吃不完的饭，妈妈自然地接过来吃掉了，婆婆基本不会。媳妇沾了经血的内裤，亲妈会洗，婆婆很难做到。

亲生的母女之间，存在一种天然的愈合剂。母女之间不容易有矛盾，即使有矛盾也容易大事化小，小事化了。婆媳之间，少了天然的愈合剂，可能会互相看不惯，因一点小事起争执，发生矛盾之后，关系不容易马上修好，而且还可能彼此记仇。

/ 需共同成长 /

有些女人，即使已经身为人妻、为人媳，却还像没有长大的孩子。

一位先生这样向我抱怨他的妻子：虽然已经身为人母，但是不会做饭，不太会带孩子，基本上都是岳母搞定。岳母就这一个独生女，从小将女儿照顾得无微不至，但也控制得很严格，大小事务都是一人说了算，这种风格也带到了先生的家里。先生苦不堪言，他说在家里找不到男主人的感觉，甚至找不到当父亲的感觉，这岳母连外孙怎么培养都要说了算。岳母对岳父大人也是毫不客气，岳父只有唯唯诺诺的份。岳母对女婿也提出诸多要求，惹得他非常反感。他不止一次地提出，请岳母暂归故里，自家请保姆操持，但是妻子不同意。

先生说，受不了女皇一般的岳母，天天想着离婚了事。我说：“你的家庭不合谐，看上去是你岳母的问题，实际上是你妻子的问题。既然已经是一个结了婚的女人，就应当从一个独生娇娇女成长为一家的主妇，该让母亲插手的插手，不该让母亲插手的坚决拒绝。而且，要维护丈夫的男主人尊严，维护丈夫的父爱情结。”

有的婆婆，已经升级为奶奶，却还是小女孩的心性。我有位老上级谈起他的老婆以及见过的一些女人，感慨地总结：“有很多女人是一辈子都没有成熟的。”生活中，有不少奶奶辈、外婆辈的女人，仍然是一个火药味十足、成天挑剔家人的“小公主”。

我们说的成长，不仅是年龄的增长，更重要的是心性的成长。一个人的成熟，体现在做人做事符合社会规范、符合自己的身份，还有看人看事角度的变化。人这一生应该是不断成长的，只可惜有些女人即使是30岁、60岁了，却还没有完全成熟。试想，一个没有长大的媳妇与一个没有长大的婆婆遭遇到一起，这日子要怎么过？

成长，是每一个女人必修的功课。做了媳妇，就要有媳妇的样子；做了婆婆，就要有婆婆的样子。虽然你们不是亲生的母女，但是你们却是母女相称，在法律上、在道德上都有撇不开的关系。有时候，幸福就是逼出来的。或许你们从一开始扮演着并不情愿的母女关系，最后你们发现了对方的优点所在，经营出母女一般的关系，走向了双赢。

/ 对内统一战线 /

潘长江有一首《两个对我恩重如山的女人》："两个对我恩重如山的人，你们不要再争我对谁的感情最深，你们越是追问，我越是心急如焚。两个对我恩重如山的人……疼你们一生，是我的责任。我在外面像秒针，再大的风雨我自己忍，回到家也需要，享受你们温暖的气氛……"这歌词道出了很多男人的心声。虽然现在是男女平等的社会，但是并非处处平等，男人往往承受了更多赚钱养家的压力。人都说，好女人是加油站，男人从她那里获得重新起跑的动力。的确，男人在外打拼一整天，晚上回到一个温馨的家，疲惫没有了，精神养足了，第二天才能精神抖擞地投入到工作中去。

到底什么是爱？如果你爱一只鸟，不是把它锁在笼子里，而是应该让它回到天空。如果你爱一个男人，就要让他幸福快乐地工作和生活。只可惜，天底下那些总在闹矛盾的婆媳没有弄明白这个道理。有时候，婆媳战争到了最后，已经不是在争谁对谁错，而是在看这个男人支持谁。男人真的糊涂了：这两个女人，不是合起来爱我，倒像是合起来整我。

这样争来斗去的婆媳，你们不是真正地在爱这个男人，你们是在爱自己。爱自己，所以要在这个男人身上争一个输赢；爱自己，所以不愿意为这个男人做出妥协。如果真正地爱这个男人，就要听听这个男人的心声，他最渴望的是家的温暖。

婆婆爱儿子就要试着去爱儿媳。按照一般的规律，婆婆终究有一天要先于媳妇离开儿子，接下来照顾你儿子的，正是这个儿媳。儿子和媳妇恩爱到老，当妈的才能含笑九泉。媳妇爱老公就要试着去爱婆婆。你让婆婆不高兴，母子连心，老公也会难过。别因为琐碎的争斗使老公对你心存怨恨。

/ 对外统一战线 /

一个朋友嫁给了深圳的富二代，与公婆同住，天长日久的，与婆婆产生了一些矛盾。后来，她与公婆分开住了，她娘家父母来深圳帮她带孩子，她说开心多了。有一回，她跟我聊天时说父母回老家去了。我问她："你要工作，老公又出差，孩子谁带啊？"她淡然地说："送到我婆婆那儿呀。"我说："你看，你与婆婆发生了矛盾，可以到我这里来诉说，感觉是你婆婆带给你痛苦，我带给你快乐。但是，关键时候能给你带孩子的，是你婆婆而不是我。说到底，你与你的婆婆才是一家人。"她说："是啊，你说得太有道理了。"

中国人很讲关系学，俗话说：多个朋友多条路，多个敌人多堵墙。我们也总是被教育，在社会上要广交朋友，建立自己的人脉、关系网，这样财运会好，办事不难。的确，很多人在社会上交到很多的朋友，也因此获得了不少利益，但是，却忘记了把家里的关系处理好。社会关系网经营得再好，赚再多的钱，都是为了幸福的生活，但如果家里因婆媳矛盾闹得鸡飞狗跳，也难过上幸福的日子。

难道，婆婆不是媳妇的一条路吗？难道媳妇不是婆婆的一条路吗？ 人这一生，无论产业有多大，人脉有多广，所面对的说到底就是身边的那几个人。能真正给你爱和真正能爱的，也是那几个人。婆媳都互相指望不上，还能指望外人吗？

婆媳可以是对方的一条路，也可以是对方的一堵墙。但是，他们不是普通意义上的朋友，也不是普通意义上的敌人，因为他们是家人。如果做朋友，共享资源更多；如果做敌人，彼此的杀伤力也是更大的。

有多少婆婆，一边帮儿子媳妇带着孩子，一边与媳妇闹着矛盾，累也累了，却讨不着快乐。有多少媳妇，白天辛苦地工作，晚上回到家里还要与婆婆明争暗斗，赚到了社会的认可，却赚不到幸福的家庭。为什么婆婆和媳妇就不能拔掉心上的这根刺，彼此温暖，彼此帮助？

/ 婆媳关系三步走 /

牙齿上有污物，只要及时将它轻轻地刷去，牙齿就能保持干净、坚固。如果平常不刷牙，污物变成牙垢，我们只得去医院洗牙了。如果有了牙垢还不去洗牙，可能会导致牙烂，最终只好拔牙。婆媳间有了小矛盾，及时调节，就如漱个口、刷个牙这么简单。如果小矛盾积久了，成了大矛盾，从量变到质变，最终可能会导致家庭破裂，也就是只能拔牙了。

其实很多婆媳从一开始还是处得蛮好的，毕竟结婚的初衷都是为了幸福的生活嘛，有多少婆媳愿意一上来就开战啊。正视婆媳相处的难度，有计划、有步骤地经营婆媳关系，来个三步走。

第一步：试探期。承认彼此“不是母女”。认识到双方原本是陌生人，了解双方可能存在的不同，双方可能存在的对立。认识到我可以不喜欢你，但我还是尊重你，你可以不喜欢我，但你还是要尊重我。在这基础上，双方礼貌、周到地处理彼此之间的关系。

第二步：推进期。将彼此的关系经营到“融洽”。婆与媳虽然从前是陌生人，但毕竟因为一个男人而成了姻亲，从法律上来说还是直系姻亲呢。出于共同爱这个男人的目的，也是为了把自己的生活经营得舒心，婆媳之间一定要和睦相处。婆慈媳孝，互相温暖。

第三步：升华期。将彼此的关系升华到“亲如母女”。之所以说是“亲如母女”，是因为毕竟她们不是真的母女。再好的婆媳，两人说话做事也不能像母女一般随便。比母女还好的婆媳关系未必没有，但很少。

婆媳心中有这“三步走”垫底，在日常生活中，要理智地对待对方，说话、做事要谨慎，要学会推己及人，换位思考。正视婆媳之间存在的陌生与距离，有利于我们更理智地理解婆媳关系。

母亲与妻子相处得融洽，是很多男人的理想，婆媳内心也会有这个诉求。但是，这并不是一下子就能实现的事情。婆婆要想赢得媳妇打心眼里的敬重，媳妇要想赢得婆婆打心眼里的关怀，都要靠自己的努力争取。父慈子孝，婆慈媳孝，有慈有孝，绝非一个人的责任。

/ 亲密有界 /

一媳妇说：“婆婆以前经常用我的包，这段时间又爱穿我的鞋子，我天天在家也不出门，天一冷更不出门了，婆婆就把我的靴子翻出来自己穿，她好像还有脚气，这该怎么办啊？”这天底下，有多少母女会共穿一双鞋子，更何况婆媳。婆媳之间难得亲密，但即使亲密，也并非揉成了一个人，还是要有界限的。

小时候，回到家里，我会轻轻地关上自己的门，享受一个人的时光。门，就是一条界，将父母与自己暂时隔在了两端。长大了之后，我们更需要界。哪怕是夫妻之间亲密得没有物理距离，也不可过分地干涉配偶的隐私。

婆媳之间应亲密有界，体现在下面几个方面：

首先，在生活习惯上不要越界干涉。婆婆喜欢吃皮蛋不放酱油，媳妇没必要非说服她放酱油好吃。婆婆要穿打了补丁的衣服，你说她半天，她也不会听你的。媳妇喜欢穿性感的衣服，老公也认同，婆婆说有伤风化，只会令媳妇不悦。就算不介意自己的衣服、鞋子被别人穿，媳妇的衣服、鞋子，未经允许，断断是不要去穿的。

其次，在家事安排上互不越界插手。在不影响大局的情况下，家公家婆不要插手儿子媳妇的生活安排。比如儿子媳妇想去国外蜜月旅行，想请一个保姆来做家务，想买一个两万元的冰箱，如果不是乱花你们的钱，你们应该为他们能靠自己的实力改善生活质量而高兴。同样，媳妇也不要插手婆婆的事务。婆婆喜欢跳舞、画画，那是她的自由。婆婆公公喜欢一同出外旅游养老，也是他们自己的晚年安排，子女无权干涉。

婆媳之间再亲密，也要提醒自己有条界。婆婆与媳妇，是两个独立的个体，她们来自不同的家庭、不同的时代、不同的教育背景，在饮食习惯、衣着风格、消费态度、人生观等方面有诸多不同。婆媳在一起磨合，并非要将两个人磨成一个人，而是应当求同存异，在相处中寻找到能让彼此都感觉到舒适的“界”。 发展出健康的人我界限，是一个人心理成熟的标志之一。有良好界限感的人，才可以真正尊重自己和他人的需要。

/ 婆婆赛亲妈 /

一般情况下，我们都会说亲妈赛婆婆，但也有特例。我一个朋友由衷地觉得，婆婆比妈妈“好”。她是家里的独生女，父母在老家因为脾气不合，经常冷战，以至于她想起娘家就觉得揪心。亲生父母带给她的都是负能量。而在深圳陪伴她、帮她带孩子的婆婆却不同。婆婆性格好，开朗大方，很能适应深圳的生活。婆婆操持家务，接送小孩，闲时跟小区的老人打打麻将，因为为人慷慨，赢得了很多人的喜爱。

一个女人做人成功，做婆婆也一定会成功。那些被儿媳妇喜欢的婆婆，往往身上没有懒惰，没有傲气，从不倚老卖老，她们一般不使性子，不提过高的要求，浑身上下充满着母性的光辉。最重要的是，她们在岁月里沉淀出了最美好的情感，做出了最善良的选择，所以，她们能善待媳妇。这样的婆婆，没有哪个媳妇不喜欢，如果自己的亲妈没有这般成长，难免被这样的婆婆比下去。做媳妇的，虽然与亲妈有割舍不断的恩义，但并不代表她心里不能更肯定婆婆的为人。

好婆婆好到什么程度？就算去世了，媳妇还在念念不忘！一位中年女子谈论起她的婆婆，谈着谈着，居然号啕大哭。她说婆婆一生积极付出，淡漠回报。她是念硕士时开始谈的这段恋爱，准婆婆那时就对她关爱有加，三天两头叫她去吃饭，给她做好吃的。有一次她与准婆婆上街，在商场看中了一双鞋，她试了试，觉得不错，但考虑到自己在读研究生，经济拮据，便没有买。第二天，她到准婆婆家吃饭，惊喜地看到了那双鞋子。原来，准婆婆见她喜欢，就去商场买了特地送给她。她当时非常感动，不是为了几百元的鞋子，而是为了准婆婆的这份心。婚后，婆婆一如既往地对她好。只可惜这婆婆后来得了癌症。来深圳治疗时，住在儿子媳妇的家里，人很虚弱，很消瘦，儿子媳妇都心疼不已。但是，这婆婆甚至趁着儿子媳妇上班的时候，为他们做家务事。媳妇回家后嗔怪婆婆不好好养病，婆婆居然“强词夺理”，说她还能做这些力所能及的事。真的就有这样燃烧自己的婆婆啊！这位中年女子说：“我以前脾气不好，因为婆婆我改变了很多。”说着说着，就当众痛哭起来。

一位如此好的婆婆，不仅赢得了媳妇的肯定，还带动了媳妇的成长。前半辈子，媳妇接受到来自亲妈的教养，后半辈子，她用自己的转变和行动践行着婆婆的美德。这是婆婆向社会传播的正能量！

/ 媳妇赛亲女 /

一位婆婆非常疼爱已经出嫁的女儿，这女儿也是三天两头往娘家跑，跟亲妈十分亲热。而媳妇就不招这婆婆待见，经常被婆婆指指戳戳。这些，媳妇都忍了，觉得为人儿媳退一步海阔天空。后来，婆婆生病了，亲生的女儿就来得少了。再后来，也就是婆婆生命的最后三年基本卧病在床，女儿找理由不来伺候，全部由这儿媳伺候。婆婆弥留之际，抓紧媳妇的手说："我女儿都是白疼了，我死后，女儿都不保佑，就保佑你。"人之将死，其言也善。一个母亲，死前留下的话，居然是死后保佑媳妇，而非亲生的女儿，可见这女儿有多么令亲妈心寒，这媳妇又有多么令婆婆心暖！

有的母亲把女儿宠得上了天，到头来招夫家斜眼不说，就连亲娘病了，她也不识煲汤送水。这样懒惰自私的女儿觉得享受亲娘的照顾理所当然，看到亲娘需要她照顾就溜之大吉。还有些女儿认为，在娘家接受母亲的照顾是应该的，而母亲老了应该是由嫂子伺候的。只可惜，有些母亲根本就没有明白亲生女儿的那些私心，一如既往地宠着女儿，还对新进门的媳妇横挑鼻子竖挑眼。到头来动弹不得的时候，女儿闪人，媳妇再要不理你，你的苦日子可就没个头了。

有个女人说："我觉得我妈对我嫂子比对我要好，因为妈妈觉得我始终是要嫁出去的，她以后是要跟媳妇过日子的。我觉得妈妈这种想法也是对的。她应该对我嫂子好。"这样的女儿，也算是明事理的。

人心都是肉长的，婆婆对媳妇好，不是太乖张的媳妇，都会想着回报婆婆。有的婆婆说："我怎么就没摊上一个这么好的媳妇哇？"怪来怪去，怪命不好，怪对方不好，其实，问题要先从自己身上找。一个别人家的女儿，嫁到你的眼前，从一个尊敬你的媳妇，到一个讨厌你的媳妇，你得问问自己说过些什么、做过些什么，你有没有真诚地对她好。

现代社会媳妇多与婆婆分开住，待婆婆卧病在床，能衣不解带伺候婆婆的少之又少。但是，这并不能说你的媳妇就一定会是个坏媳妇，她的心怎么都捂不暖。作为一个婆婆想让媳妇将你当妈，你起码得有当妈的慈祥。如果婆婆对媳妇不好，媳妇却能以德报怨，只能说这婆婆运气好。

/ 欢喜自在 /

以前有个老婆婆有两个儿子，大儿子卖草帽，二儿子卖雨伞。下雨时，她就哀叹：“唉，大儿子的草帽不好卖了啊！”天晴时，她又哀叹：“唉，二儿子的雨伞不好卖了啊！”她每天都不快乐。后来，有一位圣人路过，就点化她。圣人说：“你要这么想，天晴的时候，大儿子的草帽就卖得好，下雨的时候，二儿子的雨伞就卖得好。”

转变一个角度，世界在你的眼里就大为不同。我们很难去改变他人，能改变的只有自己的心态。看人看物的角度一变，就豁然开朗了。

一个惹你讨厌的媳妇，在她娘家父母的眼中是掌上明珠，在你儿子眼中是天仙下凡，其他人都很喜欢她，唯独你不喜欢。一个惹你讨厌的婆婆，辛辛苦苦地培养了你的丈夫，现在还要照顾你的孩子，除去跟你之间的那些摩擦，她还算得上是个好母亲、好奶奶。

常常怀恨别人是不对的。这天底下，只有一个人全心全意为你，无论生死都陪着你，那就是你自己。家人也不可能时时刻刻围着你转，处处考虑你的感受。很多女人依赖性过强，她们觉得不开心都是由别人引起的，整天怪丈夫，怪婆婆，怪儿媳。懂些心理学的朋友都知道，无论我们对外界的人、事、物有多少批判指责，都是内心对自己不满的投射。

在合理合法的前提下，尽可能地经营好身边所有的资源，包括人，让自己快乐，才是一生最紧要的事。欢喜自在是人生的最高境界，是一种心灵十分充实和宁静，不憎不恨，爱人爱己的状态。爱是人生的唯一出路，爱更是家庭的唯一出路。

Ⅷ/婆婆转念

白发已经染鬓，眼角不少皱纹，你走过了几十年的坎坷，已经很不容易，却又要面临人生最大的恐惧——死亡。你离世之后，媳妇才是陪在你儿子身边的那个女人。经营好婆媳关系，让儿子从中受益，或许是你能留给儿子最好的礼物。

该放手的时候要放手，让小两口有自己的生活，不要老拿旧标准来套新媳妇。老年人也要懂得与时俱进，充实自己的内心，学会安排好自己的老年生活，尽量自得其乐。

/ 婆婆辛苦了 /

深圳晚报社曾经与深圳市殡仪馆联合举办市民看殡仪馆的活动，近距离了解死亡。这原本就是非常敏感的事，没想到报名者中以老人家居多。记者随行时，与一些老者聊天，问他们诸如生命终结的问题，没想到不少老人都很豁达。面对死亡，提前做好物质上与心理上的准备，也不失为一种顺其自然的心境。理解死，才更知道该如何生。人生走到年纪老迈这一步了，更该知道如何珍惜，如何愉快地度过晚年。

做婆婆的人年纪一般也不小了，头上早有白发，眼角皱纹用什么眼霜也难以遮掩，有时候照镜子，连自己都不忍细看。翻看过去的照片，你更是感慨青春易逝。你回首过去的岁月，由衷感叹：真的，太不容易了！或许你心里还有很多的不满足，想起来耿耿于怀。回顾一生，百分之百满意的可能性不大，觉得有遗憾比较正常。我之前去听台湾国学大师曾仕强讲了一堂课，他提到，无论是谁，最后的结局都可用四个字来总结：不了了之。是啊，不论是帝王将相还是凡夫走卒，临死之时，总有未竟的心愿。

俗话有云，人生不如意之事，十之八九。所以，我们要放下执念，待人接物均是如此，这也许就是成熟。但是，很不幸的是很多女人生活在自我的小天地里，演绎着“执着”的另一版本，想控制一切——身边人的关注、家庭的发展路线、健康的身体。但是，又有什么是能完全被控制的呢，生死都是不由人的。人这一生，幸福与否，与自己的想法有很大的关系。什么才叫掌控了自己的人生？那就是尽量让自己生活在正面情绪里，要懂得安慰自己。遇到伤害，告诉自己这使自己变得更加坚强。直面衰老，告诉自己这是每个人必走的路。

你老了，你想的是安度晚年，想的是别人能顺着你的意思。但是，作为年轻人并不一定能完全理解你，这就是代沟，人所处的不同的年龄层次决定了想法的不同。

你养大这个儿子，真是辛苦了。你在世上最大的牵挂是儿子，你想你的儿子在媳妇的陪伴下过得幸福。所以，经营一段良好的婆媳关系，让你的儿子从中受益，是你离开人世前送给你儿子最好的礼物。

/ 走下评委席 /

让儿子后半生过得好，并非就是要训练媳妇伺候儿子，而是要让儿子媳妇互相深爱。现代社会的夫妻关系里，基本上没有谁臣服于谁的格局，平等互爱才是夫妻长久之道。你该教你的儿子承担起爱妻护子的家庭重担，而非事事替他操劳，让他成为家事白痴。你儿子付出爱，最终也能赢得媳妇的爱。儿子媳妇有爱，才会给孙子一个完整而快乐的家。

老人们总喜欢说“一代不如一代”，觉得年轻人好吃懒做、拈轻怕重什么的。作为前辈的婆婆，面对作为晚辈的媳妇，也常常有“年轻的媳妇什么都不懂”的感慨。要是真的如前辈们所说，一代不如一代，那整个人类社会都不会进步了。其实，世界的希望永远都在后代，当然，后代要站在前人的肩膀上。世界就是这样的，有前人的积累、后代的发扬，才有人类社会经济文化灿烂的未来。

家庭的希望也都在后代身上。古语有云，前人贤不如后人贤。后代能过得好，前辈要起重要的教育、指导作用，但绝非事事都要求年轻人按老人家的意思来做。

年轻媳妇进了门，很多婆婆就把自己放到评委席上，经常窥探、审视着媳妇。在网上看到一些婆婆发的帖子，多数都是说媳妇“不懂事”。其实，什么叫做懂事呢？就是顺了婆婆的意吗？

前辈对晚辈的管教要适可而止，要帮后人树立起人生应该有的心态与行为准则，在必要的时候给年轻人一些提醒和建议就足够了。

/ 控制“控制欲” /

一位国企中的处级干部对我说，他家的婆媳关系不好。他说：“我觉得做媳妇当然要接受调教，要不然怎么跟我们家融合呢？”请注意，他使用了“调教”这个字眼。我当时就理解他家的婆媳关系为啥不好了。“调教”是一种居高临下的姿态，在封建时代盛行，不应该在现代的家庭里存在。喜欢被人管的举手！你会举吗？

试试看，如果你儿子在追求女友的时候先声明“你以后嫁给我就归我妈管”，恐怕十个女人九个都会掉头就跑。可是不管时代进步到什么样子，有些婆婆就是控制欲强，在日常生活中，常让媳妇觉得不快乐。

一个媳妇说：婆婆那双眼睛就像猫盯耗子一样整天盯着我，早上不能起得晚，洗衣服不能放太多洗衣粉，洗碗不能放太多洗洁精，扫地前先要擦桌椅。另一个媳妇说：我婆婆找我谈话，说是每周与她儿子的性生活只能有一次，这都要管！

控制型婆婆一般出于两种思维。一种是认为自己有权这么做。这类婆婆是典型家长制作风，认为自己身为婆婆，有指点江山的权利。她会嫌媳妇不够好，结婚时儿子媳妇的房子买在哪里，怎么装修等，她都有权过问。如果建议没被执行，她就会气恼。她的口头禅是："我说了你们为什么不听？"第二种是认为自己有义务这么做。自己身为长辈，吃过的盐比年轻人吃过的饭还多，走过的桥比年轻人走过的路还多，丰富的经验一定要传授给儿子媳妇，让他们少吃亏，少走弯路。这类婆婆的口头禅是：我都是为了你们好。她总是不明白，为什么儿子媳妇就是不能理解她的一片苦心呢？

这家里的事，很多时候没有一个谁对谁错，按婆婆的建议做可以，但按媳妇的搞法也无不可。涉及到小两口的生活，婆婆意见多了，无论婆婆出发点是什么，媳妇都未必会高兴。其实，有些事不会造成原则性的错误，不会引起山崩地裂，婆婆何不放手让小辈自己去过日子呢？还是那句老话：儿孙自有儿孙福，莫为儿孙做牛马。

请问婆婆：你自己喜欢被人管吗？再请问婆婆：你喜欢你的儿子被岳母管吗？岳母管你儿子，恐怕你儿子也不会开心的。

/ 母子的二次分离 /

有一位原本非常通情达理的母亲在儿子筹办婚礼的那段时间突然变得情绪暴躁、蛮横无理。儿子不得不将婚期推迟，母亲的情绪立马好了许多。过了两个月，儿子又提结婚的事，母亲又狂躁了。左右为难的儿子带母亲去看了心理医生。专家解释，这位母亲离婚之后全心全意培养她唯一的儿子，如今眼看着儿子要结婚成家过小日子了，恐惧自己的位置被儿媳妇“夺去”，从而患上“结婚狂躁症”，情绪无常，不能自控。在心理医生的导引下，这位母亲才慢慢接受了儿子的婚姻。

儿子结婚，母亲虽然开心，但也多少有一些失落。第一，新娘出现了，老娘退休了。以前照顾男人吃喝拉撒的主要是老娘，而今有了新娘，不太需要老娘的照顾了。第二，媳妇与儿子更有共同语言。第三，媳妇与儿子因性关系而亲密。第四，儿子生儿育女后，对母亲的疏忽会更多。

一些婆婆在儿子成家后甘愿退居二线，但也有一些婆婆不甘心，她们总是想办法巩固自己的地位，为了彰显自己的不可替代性，总是想办法在儿子面前“曝光”，与媳妇争宠。

有对夫妇新婚不久，婆婆每晚都来敲儿子房门，叮嘱要盖好被子。早上，婆婆按时去儿子新房叠被子、打扫卫生，搞得还在被窝里的儿子媳妇很尴尬。洗澡的时候，婆婆还要进浴室帮儿子擦澡。

有专家认为，一些母亲，特别是寡母、单身母亲，会有较严重的恋子情结，从而走入一种心理怪圈：一方面希望儿子早日娶妻，怕儿子打光棍；一方面又怕儿子有了妻子之后，冷落了自己。我们要客观地认识到，健康的母子关系要经历“二次分离”。第一次分离是分娩，孩子从母体脱离出来，身体不断成长，自我意识不断增强，并经历“反叛期”，顺利长大成人，有独立自主的意识，有在社会上谋生的本领。这一阶段，孩子从单纯地依赖母亲，到独立探索世界，对母亲的依恋越来越小。第二次分离是儿子结婚成家。儿子会用千朵玫瑰向女人求爱，有了自己的家后还很有可能买房子自己居住，不再与母亲共同生活。

作为母亲，应该帮助孩子完成重要的分离，目送孩子从一个成长期进入下一个成长期，让他拥有正常的人际关系和健康的婚姻。

/ 岳母也失落 /

旧时代，岳母们说：女儿将来是别人家的。新时代，年轻人一结婚就自立门户，婆婆开始抱怨：儿子是给别人生的。

有一个婆婆跳出来在网上说："做媳妇的，应该对婆婆好一点，因为辛苦养大的儿子被你夺走了。"没想到很多媳妇回帖："儿子是你辛苦养大的没错，但媳妇是从石头缝里蹦出来的吗？"

媳妇、岳母，最看不得婆婆扮演失落的主角，仿佛儿子一结婚，媳妇就对不住婆婆了。一些独生女儿的家庭里，岳母同样承受分离之苦，失落感不会比婆婆少，甚至更多。因为一般家庭里，婆婆与儿子的关系不会好得像一个人似的，但是母女则不同，她们往往出双入对，一起逛街，一起做家务，甚至还常在一起睡，亲热异常。这样亲密的女儿一旦出嫁，你说亲娘会不会异常失落？

之前在网上看到一则新闻《女儿出嫁了 母亲很失落》。话说女儿出嫁是喜事，但东莞长安的蔡姨却感到阵阵失落。蔡姨说，女儿8岁时，丈夫就去世了，她一手把女儿带大，母女俩感情很深。今年，27岁的女儿出嫁了，家里一下变得静悄悄的，没人做伴，没人说话。每周末女儿回来，是蔡姨最开心的时候，但女儿一走，蔡姨又忍不住失落。

儿子娶媳离家、女儿出嫁离家，其实都是正常的分离，有做不到退居二线的婆婆，也就有做不到退居二线的岳母。有些岳母就随女儿“嫁到”女婿家里，坚决地打理女儿的生活，坚持永不退场。

我曾经羡慕过身边一个独生女，她婚后一直与娘家父母生活，孩子由老人照顾得无微不至。可是这位女同事却另有一番说辞，她说：“独生女儿独享了父母的照顾不假，但是也承受了来自父母的全部压力。像你们家有几个孩子，父母东家转转、西家住住，彼此都比较宽松，而我们家，父母每天照顾我，但也每天监视着我。”

通常，女人和自己的亲妈更好相处，而男人基本上又不管家里的琐事，所以，岳母往往比婆婆与小两口来往更频密。面对这种局面，本来就失落的婆婆心里更难受了。有的婆婆甚至还与岳母就“同居权”发起争夺战。其实，关键在于老人住进去之后能否与小两口和谐度日。

/ 媳妇是儿子想要的 /

我曾在《深圳晚报》主持过一段相亲栏目，在一次交友会上，我邂逅了一位代儿子来找对象的母亲，她有些不好意思地坦白："都怪我，逼散了他们。"原来，几年前儿子谈了一个女朋友，但是这位母亲却不满意。因为他儿子相当优秀，是深圳某知名金融企业的小头目，硕士学历，那个女孩不仅学历低，工作也不体面。母亲认为，这个女孩子能打动儿子，无非是靠自己漂亮和够"嗲"。儿子跟父母表示，就喜欢这么一个活泼可爱的女孩子围着自己转。然而儿子最终没有战胜父母，和女友分手了。父母用尽人脉积极给儿子介绍对象，本科以上学历的、在大单位有体面工作的，见了好几个，儿子都不满意，说找不着感觉。一晃儿子就三十好几了，这下父母都慌了，有点悔不当初。

社会提倡婚姻自由已经很多年了，但是，不少婆婆仍然对儿子找媳妇这件事虎视眈眈。做母亲的，操心是肯定的，但是不能越俎代庖。毕竟时代不同了。旧时代是公婆选一个他们中意的媳妇，让儿子去接受。新时代是儿子在人群中追求一个女人做妻子，让父母去接受。

婆婆要客观地看待自己的儿子，不要总带着挑剔的眼光去看待未进门的儿媳。对于婆婆来说，理想当中的媳妇是这个样子：学历好、收入好、长相好、脾气好、家境好……有没有想过，你的儿子是不是也有这“五好”？没有五好的儿子，就别想找五好的媳妇。

什么样的媳妇才算好？关键是你儿子觉得好。萝卜青菜，各有所爱。婚姻是儿子与媳妇的，媳妇好不好，儿子满意最重要，婆婆是否满意在其次。媳妇是按照儿子的喜好去找的，儿子与母亲的品位不同是很正常的。换个角度想，岳父岳母也未必喜欢你的儿子呢。

婚事既成，婆婆就要把心态从“挑剔”换成“接受”，老拿放大镜去看媳妇的缺点，你会越来越看不顺眼。有一些婆婆非常不理智，因为嫌弃儿媳，拒不参加儿子的婚礼，实在是太不顾全大局了。从大的方面来说，有违婚恋自由的时代精神，从小的方面来说，不仅跟媳妇结下仇怨，做儿子的也难免对这个妈有看法。婆婆们要谨记，娶媳妇的是儿子，不是自己！

/ 当年吃苦非媳之过 /

“我们那时候生完孩子七天就下地干活了。我一个战友的老婆，老公长年在外，她还不是一个人带着好几个孩子。现在你就一个孩子，产假还有几个月，你还要请保姆来伺候你，有这个必要吗？！”一个婆婆对媳妇这样说，看不惯媳妇生了个孩子，就被家人捧到天上。媳妇听了这样的话，大为光火：凭啥你生孩子吃了苦，我也一定要吃苦？我生孩子请保姆，又没花你的钱，你凭什么反对？

一位媳妇说：“我婆婆以前做媳妇的时候，没少受她婆婆的气，我也听说了一些。但是，这是她与她婆婆之间的事，与我又有什么关系呢？虐待她的是她婆婆，又不是我，凭什么要我来埋单呢？”

不得不承认，我们的婆婆是吃了苦的。那时候，丈夫娶妻子的主要目的还是生孩子、操持家务。 那时候商品经济不发达，科学技术也不发

达，家里人又多，日子过得清贫而忙碌。现在的媳妇就幸福多了。家用电器非常多，家里人口又少，煤气、自来水都有了，但是，她们还是不喜欢做家务，经常要去餐馆吃。她们不仅要求男女平等，更要求男人的呵护，如果她们感觉不满意，她们甚至会“飞掉”老公。

作为婆婆，你总拿自己当年受的苦与眼前媳妇享的福去比，心理怎么会平衡呢？不平衡就对媳妇出言讥讽，这媳妇会觉得你不可理喻，人家对你惹不起还躲不起吗？到时候媳妇“拐带”儿子跑出去住，你还能折磨谁呢？

判断一个婆婆的好坏，有个很简单的标准：自己吃过的苦也要让媳妇尝尝，这肯定是个坏婆婆；自己吃过的苦不再让媳妇尝，这才是个好婆婆。

/ 正确表达要求 /

有一个媳妇素来与婆婆相处得很好。后来，这媳妇改行摆起了鞋摊。结果，婆婆不知道怎么的，就对媳妇冷言冷脸起来，媳妇百思不得其解，问丈夫是怎么回事，丈夫也不清楚，答应去问问自己的母亲。婆婆对儿子说："你这媳妇真是不懂事，自己卖鞋的，都从不送我一双鞋。"这媳妇听到丈夫转过来的话，连声叫冤，因为她卖的是年轻款式的鞋子，没有适合婆婆的，所以自己也就没有想过给婆婆送一双。

这件事，媳妇有错。就算是专卖年轻人的鞋，去批发的时候，总能找到适合婆婆的鞋子吧，带一双回家送给婆婆多好啊。婆婆也有问题，想要一双鞋，直接说不就行了嘛！

其实，这位婆婆的问题，正是很多老年人在沟通中存在的问题。她们有诉求，却不愿当面提，喜欢拐弯抹角甚至不说，她们认为媳妇懂事的话，就应该想得到的。但是，别人又不是你肚子里的蛔虫，很难明白你的每一个想法。

我的婆婆曾经有一回跟我埋怨她的儿子，说她的儿子根本不关心她这个娘，也不问问她身体好不好。我当时就跟婆婆说："这话说不通。你天天健健康康地在这里和我们一起生活，他可能觉得没有必要天天问候你身体好不好。你要是说哪里不舒服，他自然就会紧张你的。以前，他不是还劝你去医院做体检嘛，你又说没必要。"

现在的年轻人，多数喜欢直来直去地表达想法。比如想吃苹果了，可能就会直接说出来，而老年人想吃个苹果，都要说："这苹果留了这么久，不吃怕烂了。"你看，在饭桌上，年轻人往往直接去夹自己喜欢吃的菜，一上来就夹鱼夹肉，而有些老年人，要故意先夹一下蔬菜，再去夹肉。老年人隐忍、谦让，年轻人认为没有必要。有的婆婆，看到媳妇这样夹菜，还会私底下生闷气，这媳妇却完全不知情。

年轻人要尽量理解老年人欲说还休的心理，做婆婆的也要懂得根据晚辈的心理特质，调整一下自己的表达方式。婆婆不方便跟媳妇说要双新鞋，也可以跟儿子去说嘛。正确表达自己的诉求，晚辈是一定会重视的。

/ 虚心学习 /

许多人老了，就放弃了自我学习。有些老人家的论调是："快去见阎王的人了，每天混吃等死就是了。"每个人都有自己的观点，一个年纪老迈的人，除非他们自己愿意，否则要求他们去学习，实在是比较残忍。很多事，老年人学习起来并不容易。比如电脑知识，老年人就算想学，一下子也很难熟练掌握。但是，什么都不学，也是不行的。

老年人最容易犯狭隘的经验主义的错误，坚持了一辈子的事也许根本就不科学，只是没听专家纠正你而已。古人云：三人行必有我师焉。一家人里，总是有值得自己学习的人，甚至可以互相为师。但是，子女接受父母的指教比较自然，父母却不太容易接受子女的"指教"。

很多时候，老年人否定年轻人，除了自己的经验主义，还有面子上的虚荣。老年人一般想显得比孩子们更智慧、更懂世事，似乎这样才能维护作为家长的体面与尊严，于是常对孩子们的说法给予粗暴的打断。

其实，这样做是完全没有必要的。孩子们小的时候，父母是老师，教孩子做人做事的道理，父母老了的时候，子女们也可以是老师，帮助父母更新观念，与时俱进。一个家庭要争取做学习型家庭，老年人要争取做学习型父母。

无论如何，有些东西老年人还是要懂得一些的，比如说，现代社会提倡男女平等，尊重个体意志，老年人一定要有所了解，才能理解和尊重年轻人的想法与生活方式。老年人如果有一个开放的、学习的心态，就更容易与晚辈良性互动。一位老妈妈非常喜欢湖南卫视的《8090》那档节目，讲的主要是80后与90后们的生活状态、观念。她说：我喜欢看，是为了了解孩子们在想什么，调整日后自己与孩子相处的方式。

老有所托

我认识一个70多岁的阿姨，儿子媳妇带着孙子另住，阿姨一个人住两套房。儿子来看她，她就异常高兴，送别后，她常追到阳台上，看着儿子媳妇亲亲热热地挽着手消失在视野里，别提多难受了。

社会提倡敬老，却很难给老人满意的照顾。昔日“父母在不远游”的训诫如今没多少人遵从了，孩子们翅膀硬了，都想拥抱世界而不是呆在家里。当世界成了“地球村”，昔日儿孙绕膝的家庭场面已经成了一种奢望，有的子女还远在大洋彼岸，空巢的老人越来越多了。作为子女要尽可能地常回家看看，但是，老年人也不能被动地等着子女来关爱自己，应该发展自己的兴趣爱好，填补生活的空虚。

一位阿姨对我说，独生的儿子出国了，她当年很落寞，一心想着学好英语去国外跟儿子媳妇共同生活，于是到小区里的老太太英语角去学习，没想到，最后没出国却认识了不少的老太太，成天在一起吃饭、玩牌，开心得不得了。

怎么样才能安享晚年呢？专家为老年人破译了幸福晚年的密码：

第一，要有一个健康的身体。人老了难免生大小毛病，但疾病是可以避免和控制的。为了身体好，要戒掉不良习惯，不要终日沉湎于麻将，不要抽烟纵酒，不要暴饮暴食，要坚持早睡早起，饮食均衡，积极锻炼。

第二，要有乐观的心态。乐观平和的心态能增强抵抗力，使你远离疾病。好的心态让老年人在处理问题时能更加理智和宽容，不钻牛角尖。

第三，要有自己的生活圈子。物以类聚，人以群分，身边有一群拉家常、跳舞下棋的朋友是非常重要的。要明白，谁也没有义务和时间来时时刻刻关注你、陪伴你，自己的幸福要自己去寻找。

第四，在子女的生活中甘当配角。老年人要明白，在子女的居所里，主角是年轻一辈，老年人已隐退为配角了，只要不违背原则，睁一只眼闭一只眼为上策。如果有条件的话，可以考虑在一个小区买两套房分开居住。在孙辈抚养上，老人们全面介入传授经验，经常费力不讨好，只要不妨碍孙子的健康，不妨让子女们多做一些主。社会在发展，教育理念也在改变，老一套未必就都是好的。

总之，对他人不要要求太高，无论是对朋友还是对子女。子女虽然有赡养父母的义务，但工作忙、压力大，自己也有家庭要照顾，往往不可能无微不至，对子女的付出也要暗暗抱着一种感谢的心情，良性互动，才能营造出和睦的关系。

IX / 媳妇转念

找不着幸福的自己，也就找不着幸福的家庭关系。

不想婆婆太过插手你们小两口的生活，就一定要自立。夫妻都“断奶”，才能共同撑起一个家。

没有一个母亲不爱儿子。婆婆并非无关紧要的人，虽然她没有养育你，但是她与你的丈夫有割不断的血缘关系。呵护婆婆的感受，自然可以赢得丈夫的感激。

/ 找到幸福的自己 /

在结婚仪式上，新郎常向岳父许诺自己会给新娘一生的幸福。香港心理学专家李中莹却说，这是一个谎言，这世上没有一个人能保证自己永远幸福，又怎么可能把别人的幸福扛在自己的肩上。只可惜，很多女人没有明白这一点，她们从此就赖上了这个老公，认为老公为她做任何事都是应该的，如果在婚姻生活中觉得不幸福，就认为是老公的错。

丈夫将妻子娶进门，却发现老婆还没“长大”。妻子根本不愿意做家务，岳母每周都主动跑到女儿女婿的家里，帮他们晒被子，洗衣服，拖地，擦柜子，兼买各种日用品，将家里收拾得井井有条才离去。这个问题还不算大，相处下来令他最难接受的是，夫妻之间所有的事，包括日常开支、交谈内容，甚至性生活的次数，妻子都会向岳父岳母汇报。夫妻俩但凡发生一点矛盾，妻子就会嚷着回娘家。丈夫觉得，老这样下去也不是个事，妻子完全没有女主人的样子。

这样的妻子，就像一个没有长大的女孩子，娶了这种半成品式的女人，男人除非有超级强大的心脏，否则一定受不了。女人，既然嫁作人妇，就应当是成品，就应当在心理上、经济上与娘家“断奶”，要与老公一同操持这个家，不应当把建设家的重担、把营造夫妻恩爱的责任，全部当成是老公一个人的事。

作为一个女人，连处理好夫妻关系都做不到，又如何面对更加复杂婆媳关系？婆媳之间有点矛盾很正常，这个时候，你又要怪谁？除了怪婆婆，就是怪老公。于是，依赖成性的你找老公算账，要说法。如果老公不帮你“出头”，你就对着老公不依不饶。久而久之，你老公也保不齐会被你烦死了。如果你处处带着自私、挑剔的心态来与夫家人相处，怎么可能收获人家的关爱与尊重。去问问那些独当一面的媳妇，谁不是在逆境中百炼成钢的？

嫁为人妇之后，你就不再是在娘家那个受人娇宠的女孩子了，凡事不要只从“我”出发，要扮演好自己作为妻子、儿媳、母亲的角色。如果夫妻有矛盾，先要学会自己去处理。如果婆媳有矛盾，最好先从自己身上找原因。只有去除骨子里依赖他人的那根神经，让内心强大起来，才能在婚姻关系里游刃有余。

/ 婚后大不同 /

多数准婆婆在第一次接待准儿媳时都是慈眉善目的，并且还会准备丰盛的饭菜，或许还有一点见面礼。多数的准媳妇在第一次见准婆婆时，也会一脸的恭顺，有的准媳妇还会冲进厨房，自煮菜肴，以显示自己的贤惠。但是，婚前婆媳间的相敬如宾，未必能在婚后维持。一纸结婚证到手，婆媳双方希望对方“各就各位”，双方之间不再是客客气气的客人，而是各有权利和义务的家人了。双方都要保持住理性，不要被婚前的美好给冲昏了头脑，以为婚后还会是这个样子。婚前，婆婆做满桌子的菜招待儿媳；婚后，婆婆可能希望儿媳做满桌子的菜来孝敬公婆。婚前，媳妇冲进厨房显示贤惠；婚后，她可能希望婆婆能帮她把饭菜做好，因为工作很累。

国人都说，“一日之计在于晨，一年之计在于春”，万事万物都要有序进行，计划好，发展就比较顺。婚姻，也是如此。结婚，有时候就像成立一家新的公司。公司成立之前，总要有一个章程，大家才好照章办事。当然，随着公司的发展，章程可以灵活调整，适应变化。

现在一些人搞“婚前协议”，有些人会说，有必要吗？信不过对方吗？这不伤感情吗？这其实不是信得过与信不过的问题。很多的事情，不拿出来讨论，未必会知道对方的真正想法。每个人，都不是别人肚子里的蛔虫。每个人，都难免“想当然”。何不在婚前，把婚后要过的生活来个规划，让当事人对婚后生活有个准确预期？

婚姻说复杂也复杂，说简单也简单，其实，从大的方面来把握婚姻，也不过是几点：

第一，钱的问题。是否要进行婚前财产公证？婚后夫妻共同财产如何支配？如何处理与双方父母、兄弟姐妹之间的经济往来？公婆是否拿钱资助小两口买婚房？纯属赞助，还是借贷需还？

第二，住的问题。婚后是租房或买房自住，还是跟公婆住，或者跟岳家住？

第三，家务的问题。不仅是夫妻之间的家务分工问题，如果与老人同住，家务事该怎么分工，大家要商量着办。

第四，孩子的问题。夫妻要不要生孩子？孩子生下来跟谁姓？孩子由老人带还是保姆带？

第五，养老的问题。时代不一样了，儿子女儿都要养老。双方老人又有什么要求？怎么看望双方父母？过年过节怎么过？特别是年夜饭在谁家里吃，是不是轮着来？

婚姻，必定会面临这些现实的问题，无法回避。与其当这些问题出现时疲于应付，不如在婚前讨论清楚，就算一时没有结论，最好也要各自将诉求表达清楚。

/ 别拒婆婆于千里之外 /

你要知道，没有你的婆婆，哪来你的老公，婆婆就是你老公的来处，你拒婆婆于千里之外，老公心里怎么接受得了。一位男士失望地说：“婚前我看到她非常孝顺她的父母，我非常欣赏，这一点加大了我娶她的决心。婚后，我才发觉，她只孝顺她自己的父母而已，对我的父母根本就不孝顺。她在我父母面前连样子都懒得装，成天都是拉着个脸。”

这位妻子作为一个孝顺的女儿，是值得称道的，但是对公婆太差，这让她的丈夫怎么接受？有些媳妇，成天在老公面前说婆婆的不是，你让老公情何以堪？是的，你在婆媳矛盾里受了委屈，纵然婆婆有做得不好的地方，你就不能忍受一点点的委屈吗？这年头，在工作上，可能要受点领导的委屈，在家里可能会受点婆婆的委屈，没有绝对的公平与不委屈。我们反对家长制，但想想你娘家的父母，是不是偶尔也会忍不住对你耍家长的威风。我们说，婚姻生活要幸福，就要学会睁一只眼，闭一只眼，婆媳关系里也是如此。殊不知，你在忍受着别人的时候，别人也在忍受着你。你成天在老公面前说婆婆的不是，是要他们断绝母子关系你才开心吗？如果一个男人，可以狠心到断绝母子关系，要么他妈是个人渣，要么他自己是个人渣。我相信人渣型的婆婆是极少的，人渣型的老公你也是断断不敢要的。

别妄想唆使你的老公远离你的婆婆，就如你的老公很难唆使你去对付你的娘家父母一样。你希望你的老公体贴你回报娘家父母的孝心，你同样也要体谅老公对他父母的一片孝心。在婚姻生活里，你是不可能拒公婆于千里之外的，正如你的老公，也不可能拒你的娘家父母于千里之外。你认为公婆不完美，回头看看娘家父母，也一样是不完美的。

/ 别做懒媳妇 /

一位妻子与老公结婚时，工资比老公高一截，公婆对媳妇百般呵护，媳妇也习惯了下班回家就吃饭、吃完饭就自顾自地休息，习惯性地让家公家婆操持家务。后来，老公的工资升了，妻子却因为某些原因下岗了，而且因为生小孩的缘故，几年都没有去上班。媳妇呆在家里明显感觉到公婆对她态度轻慢起来。以前公婆从不会安排她做家务，现在公婆从暗示她做家务到理直气壮地叫她洗碗了。这媳妇心里很不舒服，认为公婆很势利。

不要说人情势利、嫌贫爱富，现实就是如此，多数人是很现实的高级动物。金钱不能成为我们待人接物的唯一标准，但一定是很重要的标准。你以前是家里工资最高的人，公婆让你三分，这个很正常。但是，你现在几年都没有去上班，孩子也大起来了，你怎么能全闲着呢？

通常，一个家里面是不养懒人的。无论是平凡人家还是有钱人家，每个媳妇都是要体现自己的价值的。要么你自己本身就很“值钱”，比如说是什么影视明星、体育明星什么的，那你一进公婆家的门，人家自然就高看你几眼。在普通人家里，做一个媳妇，是不能太偷懒的。

女人有工作，能自己挣钱养活自己，哪怕挣钱不多，也更让人看得起。反之，没有工作的女人容易被公婆看不起，认为其占了丈夫的便宜，享了婆家的福。当人们觉得你从他们那儿得到了什么好处的时候，他们也会等着你有所付出。你要是啥都不干，人家就会心理不平衡。

一个女人，如果不在社会上工作，就应当在家里“工作”。中国有句成语叫天道酬勤。一个勤奋的人总是让人心生敬佩的，一个好逸恶劳的人总是让人心生厌恶的。一个男人说：“妻子全职在家，我下班回家，饭菜都没做好，她还在上网打游戏，这算哪门子的妻子呢？”丈夫有责任爱你、照顾你，但他一定期待老婆能帮他分担一些生活的压力。

/ 慎做忍辱负重的媳妇 /

小两口的家里，岳母帮着操持家务。因为生孩子，妻子就辞职在家，一晃几年。妻子忍辱负重，连带岳母也是。每到周末，公公婆婆和小姑子全家就会大驾光临，妻子与岳母包了全家的午餐、晚餐，外加洗碗。刚一开始，婆婆有些过意不去，想进厨房搭把手，被媳妇客气地挡在了厨房之外。后来，大家便习以为常了。这样几年下来，媳妇有了意见了，认为婆婆不好，小姑子也很过分。

听说过这么一个故事，话说小明的同桌家里很穷，于是，小明每天都叫妈妈多煎一个蛋带给同桌吃。刚开始，同桌很感激，后来就习惯成自然地接受了。有一天，小明的妈妈生病了，就没有煎蛋，同桌不高兴地问小明："怎么今天不给我带蛋呢？"现实生活中，往往就是这样：当你对一个人好得过了头，成了一种习惯，他就习惯了这种待遇，以至于你突然恢复到正常，他反而会认为你不正常了。一个人做一点好事并不难，难的是一辈子做好事。受传统思想的影响，你把自己定位在迎合讨好婆婆的地位，选择忍辱负重，但是你能持续多久？这世上的婆婆可能分为这两类：有的婆婆觉得你好说话，会呵护你；有的婆婆觉得你好说话，会欺负你。

大部分的婆婆都是不算太好也不算太坏的普通人，不排除有人类欺软怕硬的劣根性。本来还算好的婆婆，也许会因为你的忍辱负重变坏了。有人说："天下动辄大怒的恶婆婆有一半是委曲求全的苦媳妇惯出来的。"这话或许有几分道理。为什么有些人当了领导之后脾气见长？都是下属们阿谀奉承惯出来的。为什么有些孩子像皇帝一般蛮横无理？都是父母溺爱出来的。

有些婆媳处得不好，不是因为媳妇不努力，而是因为她太努力。她太努力使自己适应婆婆，讨好婆婆，结果把自己搞得筋疲力尽，对方可能还浑然不觉，甚至会得寸进尺。这个时候，你就容易恼羞成怒。一旦恼羞成怒，就难免说出点难听的话。结果弄得恩怨交织，满家风雨。如果你心甘情愿忍辱负重，那就不要抱怨什么，否则，从一开始就建立起你来我往的规矩，才能长久和平共处。

/ 慎掺和夫家矛盾 /

小两口没有什么矛盾，老两口倒是隔三差五地闹，这家庭气氛好不到哪里去。同在一个屋檐下，负面的情绪难免会互相感染。全家就住在一套100多平方米的房子内，城门失火，殃及池鱼，作为媳妇肯定会讨厌这种氛围，也想扭转这种局面，于是出言相劝，却是卖力不讨好。

有的女人在挑选男人时，会特意看看他的父母是如何相处的，如果对方父母是离异的，女人会格外小心，怕搅到这样的家庭关系里不幸福，同时也担心男友会受父母的影响，今后容易有离婚倾向。但是，有些老夫妻虽然保存了婚姻，却是金玉其外，败絮其中。女人只有做了媳妇之后，才发现原来家公家婆早已是一对怨偶，只是因为一些现实的原因，比如说房产分割、孩子的问题，没有去领离婚证而已。在你初接触这个家庭时，他们因为儿子的婚事，努力制造和睦的表象给你看，但是，当你走进了婚姻，与他们一起生活，天长日久，他们就“原形毕露”了。

作为媳妇，在介入公婆的矛盾之前要先考虑清楚下面几点。第一，他们在一起多年了，闹完矛盾有自我愈合的能力。第二，你不了解他们的恩怨史。东风压倒西风或者西风压倒东风的格局已定，他们之间已经达到了某种平衡。第三，公婆之间的矛盾，就连做儿子的都没有办法解决，除非你是一个出色的心理医生、调解员，有超乎寻常的交际本领，否则你的掺和也是无效的。第四，你还可能会惹火上身。你小辈管长辈的事，看上去有些说不通，你说公公不对，公公对你发恼，你说婆婆不对，婆婆对你愤怒。第五，最可怕的是，本来你是想帮婆婆的，结果婆婆还站到公公那一边一致针对你，而且人家儿子还埋怨你多管闲事。

所以，公婆之间的矛盾，只要不波及到你，你最好不要掺和。就算是你的老公与公婆之间闹矛盾，只要与你无关，你也没必要伸出头去帮老公说话。人家父子、母子之间，闹了矛盾，说了难听的话，第二天双方可能就忘了，倒是你帮老公说话时那副“嘴脸”，公婆不容易忘记。你这不是自找麻烦吗？

如果跟公婆同住，说到底，你们四个人中，你是“最外”的那个人。他们三人之间“历史悠久，文化灿烂”，你肯定很难全面了解。你最关键的“任务”是，团结好的你丈夫，让丈夫懂得在公婆面前维护你，这样，才能找到平衡感。不要动不动就把自己的头伸出去。

/ 当婆婆的面关心老公 /

现在的年轻女人都比较自我，行事比较张扬。有些女人当着婆婆的面，或颐指气使或亲密肉麻地叫丈夫做这做那，家里飞扬着她嗔嗔娇娇的声音。还有的媳妇，当着公婆的面与老公搂搂抱抱，毫不收敛。虽然儿子结婚是正常的母子分离，但是，在婆婆的心里，多多少少还是有一些失落的。我们说，做人要审时度势，做媳妇其实也要顺势而为。既然有些举动会刺激到婆婆，为何不尽量在婆婆见不到的地方亲热。有的儿子也会顾及母亲的感受，当着母亲的面尽量不与妻子过分亲密。

一位媳妇当着婆婆的面训斥抽烟的丈夫，说到生气处，还叫老公“滚出去”。婆婆听了老大不高兴地说：“你当着我的面儿教训我儿子，让我感觉很没脸面，还这么大声，你这不是给我难看吗？”做媳妇的说：“我这是为他身体着想，你应该站在我这边才对呀。”老公说：“妻子骂我骂得对，但是不能让妈觉得没面子，两口子的事，关起门来怎么都成，就是不能在我妈面前闹。”

没有母亲不在乎儿子的。你对她的儿子好，她当然是看在眼里喜在心上；你对她的儿子不好，她定然恼怒。天底下没有哪个当父母的，愿意见到媳妇训斥儿子的场景。聪明的媳妇与老公闹矛盾，从来都是躲在房间里私自解决，不让公婆知道。有些媳妇更聪明，不仅不在婆婆面前数落老公，还专门在公婆面前展现自己对老公的关心，这一招比直接讨好婆婆更奏效。

一个男人体检查出是酸性体质，为此，妻子每天都把水果洗好削好，送到老公的手边。每次准备好水果，这个媳妇就会趁婆婆从房里出来的时候，当着婆婆的面送给老公吃。别看这小小的细节，坚持了一两个月之后，婆婆嘴里就开始对媳妇有溢美之词了，经常赞赏媳妇会疼老公。

媳妇疼老公，是最让婆婆欣慰的了。做媳妇的，如果想争取婆婆的好感，从关心丈夫入手是个不错的选择。

/ 高声大叫　对的也错了 /

厨房里，婆婆要把头天剩下的绿豆粥加热来吃，媳妇不同意，说有馊味了。婆婆很生气，说媳妇："你是没过过苦日子，这么好的东西也要倒了，真是浪费。"媳妇急了，说："你怎么能这么说我呢？倒了，也不值几个钱，万一大家吃坏了肚子，损失就大了。"一来二去，两人就吵了起来，顺带把以前发生过的几件小事也翻出来说一遍，声音越吵越大。丈夫在书房里看书，听到外面的声音，冲出房来一看，婆媳两人都在嚷嚷。丈夫对着妻子一顿教训："你对着我妈高声大叫做什么？"媳妇说："你妈不讲理，明明粥坏了，还要热着吃。"儿子说："不管什么事，对着妈大叫大嚷就是不行。"媳妇说："你妈声音比我还大呢，你怎么不说她！"

有的媳妇觉得很委屈，一件事，明明是婆婆的不对，但丈夫就是不分青红皂白地怪自己。而这时，婆婆在旁边还很得意地看着自己受训，真是脸面扫地。其实，丈夫根本还没来得及分谁对谁错，他就是看不得你对着他妈高声大叫而已。别说是儿子，就算是旁人，看到你作为晚辈唾沫横飞地跟婆婆干仗，都觉得不妥！在一般人的感觉中，就算长辈有再大的不是，晚辈都不应该对着长辈高声大叫。也许媳妇会为此觉得忿忿不平，其实可以换个角度想，如果你的丈夫对着你亲妈大叫大嚷，你又是啥感觉?

男人有矛盾，喜欢打架；女人有矛盾，喜欢斗嘴。小吵可能变大吵，大吵可能变成寻死觅活，场面难以收拾。往往，男人见状忙着喝止，想将矛盾先压制下来，制止谁好呢？如果不能朝着母亲开火，只能朝着妻子吼了。所以，你也应该给丈夫一个面子，事后再和丈夫把事情讲清楚，让他评评你到底有没有道理。吃剩粥这件事并不一定要通过吵架解决，媳妇完全可以进书房找老公帮忙。有勇无谋是不行的。

出现问题就要解决问题，而吵架又制造了新的问题。本来这件事上你是正确的，但你高声嚷嚷，对的也变成错的了。数月之后，丈夫已经不记得你与婆婆当时是为什么而吵，也不会记得谁对谁错，他只会记得当时你对他妈的声嘶力竭。

/ 改变婆婆不如改变自己 /

就算你送给婆婆一台笔记本电脑，她也学不会打字了。就算你送给婆婆一辆宝马，她也学不会开车了。就算你跟她讲一百遍，人活着不是为了省钱，她明天还依然故我地穿着30元一件的衣服。就算你跟她讲一百遍女人也应当有主见，她依然对家公唯唯诺诺。

你渴望有一个与时俱进的婆婆，她了解新时代的思想，接受年轻人的生活方式，甚至你觉得她要是听你的，老年生活会更幸福，你也是为了她好！但是，现实往往事与愿违。任你雨打风吹，她仍我行我素，你可能理解不了，她为何如此地顽固不化。但是，你有没有想过，你坚持年轻人的一套，不理解老年人的一套，总想着去改变婆婆，其实也是一个小顽固呢？ 我们都说，婚姻中，期望去改变对方，不如去适应对方。婆媳之间又何尝不是如此呢？既然你觉得婆婆老了不能适应你，那么，何不调整一下自己，试着理解她，包容她呢？回头看看你的亲娘，是不是也有些顽固呢？人老了，都会有自己的一套思想，一套行为方式，这是他们几十年积淀下来的。他们是很难因为你而去改变的。我们还未走到年老，不理解年老的无助。生活中，难免有矛盾，难免有婆婆的不对，我不主张媳妇们忍气吞声、逆来顺受，但是，对于那些非原则性的问题，要予以适当的理解和包容。

中老年人的心理状况一般来说有几大共同点：一、认识能力低下，主要表现在两个方面，一方面是感觉迟钝，听觉、视觉、嗅觉、皮肤感觉等功能减退，另一方面是动作灵活性差，协调性差，反应迟缓；二、孤独和依赖；三、易怒和恐惧；四、抑郁和焦虑；五、睡眠障碍。

每次看到自己日渐衰老的父亲，心中总会升起一种无奈和悲伤。老人是最需要关怀的一群人！他们在这个世上时日无多，让他们尽可能地开心快乐，是最大的慈悲。多花点心思同情怜爱你的婆婆，不要去计较太多。你想改变她实在不易，就试着改变一下自己。聪慧的你，一定有办法让你与她的关系不走到要正面冲突和决裂的地步。

X / 男人转念

处理婆媳关系，是男人要完成的一项家庭作业。

处理家事不像执法，没有那么多的条文可以对照，只有一个原则：绝对不让老妈欺负老婆，也绝对不让老婆欺负老妈。

大男子主义

老子说，“治大国若烹小鲜”，很多人深以为是。但无论是大男人还是小男人，基本上都钟情于治大国，而不是烹小鲜。现实生活中，能够治大国的男人能有多少？不少男人既没能治大国，也没有烹好小鲜。男人在客厅里看《新闻联播》、等待妻子将饭菜端上桌的时候，空怀一个治国的理想，在享受女人操持家务的同时，说女人“头发长，见识短”。这种男人，女人没有将你当粗大垃圾扫地出门，还真算你走运！

大男子主义还有另一层意思，那就是替女人搞定一切——我负责赚钱养家，你负责貌美如花！而现实中，很多男人也做不到。每一个男人可能都有一个齐天大圣的梦想，想拥有翻云覆雨的本领，拥有别墅、豪车和美女，但是只有少数男人能够梦想成真。如果你只是在公司里拿固定薪水的普通员工，日子久了，你便会从空想回到现实。你会想找一个工作体面、收入稳定的老婆，这种想法无可厚非。但是，如果你很现实地找了个女人跟你共同养家，却又很“传统”地来大男子主义那一套，就很难让身边这个女人心服口服了。

很多大男子主义者，一方面认为男人要做大事业，不能围着锅台转，一方面又觉得女人必须有工作才不会与社会脱节。他们在心底期待老婆上得厅堂，入得厨房，还得听他们指挥，服从于公婆。

现在的家庭生活越来越提倡互相爱护、互相付出。真正的大男人是这样的，他们能胜任自己的工作，在业余的时间里愿意与妻子一起做做饭，洗洗碗，陪陪孩子，就像一把大伞为妻儿遮风挡雨。不管你社会地位多高，回到家里，别对老婆孩子摆你领导、老板的架子，你只是家庭里的一员，你是丈夫、是父亲而已。

你这样做，妻子一定会体谅你的辛劳，不会让你累垮的，除非她不爱你。爱不是控制，爱是主动的付出。爱妻儿，就要付出你的真诚，你的精力，你的时间。

/ 天下无不是的父母 /

从前看过一则新闻，说是老父状告三个子女不赡养，认真看下去，才明白为啥三个子女都不想理这个老父亲了。原来这老父亲索求无度，过分要求子女报恩。儿子收入不高，他却可以用手机煲电话粥，让儿子为他支付高额的话费。到女儿女婿家里，永远都是太上皇一样。子女该用多少钱回报父母？于是孩子们决定遵从法院的公断。

一个女人生活在夫家，老公长年在外打工，寄钱回家。家公喜欢赌博，赌输了就找媳妇要钱，不给就骂人、摔东西，媳妇不得不一次又一次地把钱给了家公，连奶粉都买不起了，最后只得收拾行李投奔娘家。

“天下无不是的父母”，这话根本就站不住脚。金无足赤，人无完人。每个时代里，都会有好人与坏人。有的父母通情达理，有的父母自私狭隘。当然啦，过分的父母毕竟是极少数，大多数的父母都是不错

的。但是，他们对子女的态度可以是很好的，对媳妇的态度就未必了。

看到网上有一个媳妇巧揭“双面婆婆”的帖子。当着儿子的面，那婆婆对媳妇可好了，但儿子离家上班后，就对媳妇责骂挑剔。长期下来，儿子总觉得妈妈很好，觉得妻子没事找事，有一天还动手打了“不懂事”的妻子一耳光。这个媳妇很是苦恼，后来心生一计，让老公藏在家中，制造出已经上班的假象。婆婆以为儿子上班去了，原形毕露，对媳妇大声喝骂，躲在暗处的儿子才知道母亲是怎么对妻子的。

在婆媳矛盾中，一顶“天下无不是的父母”的帽子压在媳妇头上，使得媳妇有理无处讲，有冤无处申。媳妇出绝招，搬出娘家的父母来。既然丈夫说，天下无不是的父母，延伸开去就是——天下无不是的家公家婆，天下无不是的岳父岳母。那么，就让他们父母这一级别的人来PK吧。于是，婆媳战争演变为四个老人加两个年轻人的战争，也许还有一个孩子在一边哇哇大哭。天哪，这就是你们所憧憬的婚姻生活吗？

我们尊老，并非毫无原则。老人也不是圣人，要不然监狱里怎么永远都不缺少老人呢。老人犯了法，照样要接受法律的制裁，只不过处罚可以从轻；老人犯了错，照样要接受批评与指正，只不过语气可以从轻。

要营造和谐的家庭氛围，我们就要正视父母的“不是”。百善孝为先，但愚孝是不值得提倡的。我们中华民族的传统讲忠孝为先，但是也提倡仁义为本。孔子曰：“君不贤，臣投外国；父不慈，子奔他乡。”如果婆不慈，就没有资格要求媳孝。别指望你平凡的妻子会是感天动地的一代孝媳！做丈夫的，要帮助自己的母亲把心态摆正，多了解现代人的观念，家庭才更容易和睦。

/ 拿老婆比老妈闹失落 /

职业女性的丈夫过的日子往往是“将就”的。早上出门之后在路边买早点，下班后与妻子一起找个快餐店解决一下晚饭。有时候，妻子加班比老公回得还晚，他不仅要自己擦自己的鞋，还得顺带把老婆的鞋也擦一下。

现在的城市里多数是双职工家庭。职业女性一边要上班，一边要照顾家庭，谈何容易？于是，婆婆来了，儿子有老妈的照顾幸福极了：洗澡的时候，老妈会提前把睡衣睡裤都准备好；晚饭不仅有人做好，水果也是洗好了送到嘴边。但是，老妈一走，这些待遇都没了。于是，有些男人失落了，他们习惯了的那种照顾，从身为职业女性的妻子那里得不到。

一个女人抱怨说：老公事事都喜欢拿我和他妈比，我做的每一道菜老公都不满意，说是没他妈做的好吃；家里稍稍有点乱，老公就抱怨家里几乎成了狗窝，说我不如他妈会收拾家；最后，老公连我的发型都看不惯，要我去剪一个像他妈妈那样的发型。

男人要明白，一个是老妈，一个是老婆，两人的角色本就是不同的。老妈生了你，她心甘情愿照顾你一生一世。老婆是你追回来的，当初是你承诺照顾她一生一世。你们本着平等互爱的精神结婚了，一样有工作，凭什么必须是妻子来照顾你呢？

所幸，越来越多的男人认识到不应该怪罪妻子，因为自己当初考虑更多的是另一半的学识、人品、共同语言，而非要找一个保姆式的妻子。而且，自己不也需要妻子的这一份收入供房养家吗？家务事，既然老婆不愿意做，也不能求全责备。

一对夫妻都是深圳的公务员，老婆的单位与岳父母的家很近，每天下班之后，老婆都回娘家吃完饭，才回到他们自己的小家，而这位先生就自己到单位食堂解决或者找同事聚餐。先生坦白地说，他对老婆没有什么看法，但婆婆却看不惯，认为这个媳妇不称职，他一直劝妈妈不要这么看待媳妇。他说：“当男人失落的时候，该摆正自己的心态。当婆婆向媳妇发难的时候，男人要开导好老妈，我们同样上班，我也不愿为她做饭，谁也不用怪谁。”

/ 把老婆献给老妈 /

一个女人第一次去男友家。男友妈准备去厨房做饭时，男友一把将妈妈拉住，然后对女友说："去，给我妈做饭去。"结果，这女友在厨房做饭，男友一家三口都在客厅聊天，看电视。饭后，男友又催女友去洗了碗。结束第一次上门之后，女的对男友说："我们分手吧，你要找的不是一个妻子，而是保姆。你对你妈好，以牺牲我为前提。"

后来，这个女人谈了新男友。第一次去新男友家，快到吃饭的时间，男友妈对这女人说："你去做饭吧。"男友立即挺身而出说："人家第一次来做客呢，我去做饭。"男友钻进了厨房，还把女友拉进厨房"帮忙"。厨房里，男友对女人说："你呆在我身边随便做点，我怕你呆在客厅里被我妈和我妹欺负。"这个女人二话没说就嫁给了这个男人。婚后，在与婆家人的交往中，女人一直受到老公很好的"保护"，从来没有受过来自婆婆的压力。

母亲，是一个神圣的名词，代表着慈爱、温暖、无私，代表着人间的至亲至爱。小时候，是母亲保护着男孩，男孩长成男人之后，本能地回报母亲。因此，在婆媳矛盾中，多数男人希望老婆臣服于自己的母亲。

妻子，这个词同样很神圣，代表着恩爱、温柔、亲密等等。在男人承诺给她爱情与保护的前提下，她欣欣然地嫁给了你。你们在一起生儿育女，相扶到老。作为一个丈夫，你应该是强大的，是宽厚的，是有能力保护妻子不受伤害的。如果婆媳之间有了矛盾，就让妻子一味地让步，哪怕明知是母亲不对，那么在你“英明神武”的保护下，你的母亲就成了天底下唯一能伤你妻子的人了。

正如一位男网友所说：我对我父母好，是报答养育之恩，而不是要将我的未来全由他们来操控。我看上的人如果对我父母不好，那我会坚决分手，但是如果她对我父母好，我父母还要使小性，我肯定会向父母抗议到底。

还有一位网友说：男人，既然结了婚，就应该知道自己的身份变了。要让你父母知道，你是他们的儿子，并且永远是，你的妻子已经成为你的亲人，你对她也负有相同的责任。否则就别结婚。

/ 婆媳关系调解员 /

男人片面地认为，建设和维持一个家庭，最重要的莫过于赚钱。可看看报纸，豪门里的婆媳矛盾并不少，他们当然不缺钱，他们缺的是把婆媳关系处理好的情商。并不是什么事情都能用钱摆平。经营一个家庭，不仅要管理好家庭的财务，还要管理好身边人的情绪与心情，如果家人犯了错，我们也要纠正他们，让大家在一个进退有度的环境中和谐共处。

有些男人认为，婆媳之间的那点事属于鸡毛蒜皮的小事，难道会比我在外面做事业重要吗？我告诉你，星星之火可以燎原，小问题不及时去处理，最终可能导致一地鸡毛。婆媳矛盾，可以令美食无味，令豪屋失色。男人们努力去创造的幸福，最终可能在婆媳矛盾中草草收场。男人，除了工作、事业，还有一门必不可少的功课要学习，那就是经营婆媳关系，这也是男人必须做好的家庭作业。

讲述婆媳矛盾的电视剧《双面胶》引发了很多讨论，越来越多的人认识到，调解婆媳矛盾，中间那个男人责无旁贷。婆媳是因为这个男人而聚到一起的，所以，解铃还需系铃人，做她们的协调工作，男人是最佳的人选。

要想做好婆媳关系的调解员，就必须去学习。男人要懂得母亲的心理、妻子的心理。现在电视上有许多婆媳题材的电视连续剧，结果往往是女人在看，男人振振有词“这种婆婆妈妈的电视剧有什么好看的”。其实，很多剧情都可以在现实生活中遇到，男人有时间也可以看看，总是会有一些感悟的。

在一起过日子，婆媳之间难免发生矛盾，男人应当积极介入，将小矛盾就地歼灭，以免发展为大矛盾。媳妇在婆婆面前讲一百句，有时候抵不了儿子轻轻地跟母亲讲一句的效果。婆婆在媳妇面前做不通的工作，儿子去做可能一下子就做通了。

你与母亲之间，通过血缘起作用。你与妻子之间，通过荷尔蒙起作用。婆婆和媳妇之间，则要通过你起作用。

/ 两头哄 /

现在的女人地位都挺高的，母亲如此，妻子亦如此。男人面对两个“顶头上司”，如何协调她们之间的矛盾争端呢？人说，男人是视觉动物，女人是听觉动物，但凡是女人，没有不喜欢听甜言蜜语的。“哄”，是男人必备的软功之一。

在母亲向自己倾诉时，“甜心”男人说：“妈，你在我心目中是至高无上的，你是令人尊敬的长辈，宅心仁厚。我老婆毕竟年轻，是晚辈，说话做事没你想得周全，她有什么做得不对的地方，你看在我的面子上，高抬贵手算了。”做母亲的听了，感到欣慰。

在媳妇向自己倾诉时，“甜心”男人说：“老婆，你是我心目中的永恒与唯一，你是知书达礼的时尚达人，我老妈毕竟是老一辈了，说话做事比较老套，她要是有什么不妥之处，你看在我的面子上，别计较算了。”面对老公的恭维，妻子心里豁然。

看到婆媳产生矛盾，要先将双方分开。身处矛盾中的人容易“杀气腾腾”，往往会把能想到的最难听的话都讲出来。男人要把两个人哄开，冷静下来的婆媳，才能用正常的心态来思考问题。

做婆媳矛盾的调解员，比做一个法官更难。因为审案子是有法可依的，而家庭矛盾却不是那么有章可循。婆媳不是那些与自己没有多大关系的原告与被告，而是每天呼吸相闻的亲人。判老妈错了，老妈不服；判老婆错了，老婆不服。哪头都不好得罪啊。硬要去论一个是非曲直还真不容易。有时候男人所要做的，就是维护家庭安定团结的局面，两头哄一哄，让她们在感受甜蜜的时候，放下戾气。

甜言蜜语，是最划算的生意。几句好话，不要多少成本。有些男人觉得，这边哄老妈，那边哄老婆，低声下气的，有损颜面，其实大可不必这么认为。一个是生你养你的母亲，一个是同床共枕的妻子，你的付出，往往能收到丰厚的回报。为了换取家庭的和睦，个人放下一点身段又有什么呢？难道家里打得鸡飞狗跳，就有面子啦？为了一个女人，去伤害另一个女人，是不对的。为了一个女人，去爱另一个女人，才是出路。

/ 两头批 /

媳妇怀孕时用B超查出怀的是女孩，婆婆知道后，一定要媳妇去做流产，被媳妇坚决地顶了回去。婆婆找儿子去游说，这儿子也坚决地把母亲顶了回去。婆婆便没事找事，经常骂媳妇。儿子非常生气，指责母亲重男轻女，封建思想严重，为保护妻子，最后他“请”母亲回了老家。

一个媳妇因买新房时家婆不同意资助，对婆婆意见很大，经常在丈夫面前说婆婆是守财奴葛郎台。丈夫正色对妻子说：“请你以后不要再这样说我的母亲，她有自己的财务自由，她不欠你的，我们买房子，应该是我们自己出钱才对，我再不想听到你因为这事埋怨我母亲了。”

是人，都会犯错误，都有被批评的时候。婆媳两个女人，同样如此。如果她们身边最亲近的男人对她们进行批评，她们会很惊讶，惊讶之余也会认真思考他说得对不对。男人，要学会在适当的时候批评，这样才能让女人更理智。如果仅因为她是你的母亲，你就一个劲地由着她，她很可能从一个正常理智的女人，变成一个胡搅蛮缠的女人。对妻子，同样如此。如果一味宽容小错误，到头来，可能积重难返，无法收拾。

男人对母亲说："妈，你应该体谅一下她刚刚生了孩子，情绪不稳定。就算她错了，你是长辈，在这个特殊的时刻就不能对她宽容一点吗？"做婆婆的看到儿子这么挺媳妇，斗志难免会消沉下去。

男人对妻子说："老婆，虽然妈的思想是有些过时，但是，你也不必去跟她正面争吵啊，你应该体谅一下她已经是60多岁的人了，还有心脏病呢，要是晕倒在地，看你怎么下得了台？！"感受到丈夫的夹枪带棒，做媳妇的可能就会收敛一些。

妈妈那边批几句，媳妇那边也批几句，句句点中要害，让他们也知道你这个男人的厉害！大棒之后胡萝卜，别忘了同时说说这婆媳："都是一家人，计较什么！都这么计较，是不是不想一起过日子了！"

专家说，争吵也有益处，适度的争吵，可以增进人与人之间的感情。正如一位男士所说：不管是对老妈还是老婆，"该教育的要教育，该教训的要教训"。

/ 老妈老婆我全要 /

深圳电视台《第一调解》栏目录制现场，儿子与妈妈坐一边，媳妇坐一边。调解员问深陷婆媳矛盾的男人，如果在老妈与老婆之间做一个取舍，你要老妈还是要老婆？儿子作答：“那我当然要妈妈！”调解员说：“你傻啊，你不会说全都要啊！”最后，在众多专家的调解下，儿子媳妇深情相拥，婆媳重归于好。

当一个男人，走到“要老妈还是要老婆”的境地，他离人生的失败就不远了。一个已婚男人为了婆媳矛盾，不得不抛下妻子，重新回到母亲的怀抱，这是人生的倒退。

旧时代的女人出嫁，与其说是嫁给了一个男人，不如说是嫁给了一个家庭。男人将新娘子娶回了家，是娶给整个家庭的。新时代的女人出嫁，是与男人共同组建一个家庭，可以从结婚开始，就与双方老人分开来住。旧时代媳妇与婆家的互动模式，就好比一个打工妹进入了一家公司，要服从规章、领导，否则很容易被公司踢出去。现代的媳妇与夫家，均似股东，一起经营一个公司，是平等关系上的合作互助，如果有一方不愉快，就可能要散伙。

面对婆媳矛盾，一些大男子主义者不认真学习如何解决矛盾，而是对妻子暴力镇压，既打又骂，用狠话来堵住老婆的嘴，口口声声地说："老婆是可以换的，老妈是不可以换的。"有的家庭，明明是婆婆的不对，丈夫还是要支持母亲，理由是不能委屈了亲妈。如果你妈真是一个糊涂的人，那会在你的纵容中成为家里的"慈禧太后"的。在婆媳之间做男人，必须有底线，告诉老妈"我这个老婆是坚决不会换的"，这个做妈妈的至少会投鼠忌器，不敢无缘无故地欺负媳妇。挡在你的老妈面前，给妻子营造一片自由的天空，这是一个合格的丈夫必须做到的。

在一个婆媳共处的家里，儿子，应该是第一个考虑到媳妇感受的人。因为你是她的枕边人，你的父母跟她的感情不可能一下子就很深。很多时候，你妻子会有觉得不方便与你父母沟通的事情，你要挺身而出。丈夫应该倾听妻子的心声，帮助她处理与父母之间的关系，拿出一定的时间陪媳妇与公婆进行沟通。男人要让父母明白，娶这个媳妇绝不是让父母来管教和排斥的。

XI / 孩子驾到

很多婆媳关系是从婆婆帮忙带孩子开始恶化的。但有的婆媳关系，反而是从带孩子开始走向了融洽。

照顾孕产妇，亲妈更多是出于一种爱，婆婆更多是出于一种责任。婆婆妈妈都没有带孙辈的义务，得到她们的帮助，新手妈咪一定要学会感恩。

两代人对待带孩子的观念难免会有一些差别，双方不要意气用事，应该尽量整合知识，实现带孩子的科学化。

重男轻女

很多上了年纪的女人，受传统思想的影响，重男轻女。自打把媳妇娶进门，就天天瞅着媳妇的肚皮，怀了孕，就天天盼着一举得男。真难理解，都这年代了，重男轻女还有啥实际的意义！封建时代重男轻女，是因为土地等资源都是按男性的人头来分的，男性才能有继承遗产等特权，现在女人与男人一样，享有平等的资源分配权利。现在的时代，不是靠体力吃饭，而是靠智力吃饭，只要够聪明，女人一样可以在职场上叱咤风云。而且，因为婚姻坡度的缘故，女人一般还能找个比自己强的男人结婚，所以有“女儿是‘招商银行’”一说。而且，女儿往往更体贴人，都说“女儿是爸爸妈妈的小棉袄”，“老了就知道女儿的好”。

现在的年轻人，即使有些人原本盼着生一个男孩，生了女儿也能坦然接受。有些年轻人还盼着生一个女儿，觉得女儿长大后会比儿子更体贴、孝顺、顾家。就是那些做爷爷奶奶的人心里不能豁然。这完全是封建思想的余毒。请问孙女比孙子差在哪儿呢？人家儿子媳妇都没有意见，轮着你来重男轻女么？

如果婆婆们能理性一点，就能看清重男轻女对自己没有任何好处。现在的年轻人多数晚婚晚育，生孩子时一般都30岁左右了，这时候爷爷奶奶一般是奔60岁的人了。等孙子长大成人，爷爷奶奶一般都已年老体衰，能指望上孙子什么呢？所以，婆婆们要想到，养老，还是靠眼前的儿子媳妇比较靠谱。为了基本上靠不着的孙子，去得罪靠得着的媳妇，是不是划不来？

令人高兴的是，越来越多的老年人把这个问题看开了。有的婆婆看到媳妇生了女孩，反而怕媳妇有心理负担，一个劲地表白："生个孙女好啊，女孩长大了才知道疼妈妈！"开明的婆婆觉得，只要儿子媳妇满意，自己就应该满意。

/ 产后抑郁症 /

在网上搜索“产后抑郁症”，内容一大把。据一些专家估计，大约有50%到90%的女人会有不同程度的产后抑郁症状，只是多数女性的症状不明显或患病时间短而未被察觉。大部分的产后抑郁症能够自愈，而一些病情严重的产妇则需要心理专家的帮助。此病可在产后三天内出现，可以持续八年之久。患病产妇表现为绝望无助、狂躁易怒、失眠、离家出走、闹离婚、不想照管婴儿等。

对于第一次当妈妈的女人来说，照顾婴儿是一个全新的领域，手忙脚乱很正常。一位同事的姐姐说：“怀孕的时候，你恨不得宝宝早点出来，生出来后，你又恨不得将宝宝塞回去。”一位产妇说：“人家说产后会蓬头垢面喋喋不休，我都没有力气喋喋不休。”一位产妇说：“什么是产妇，分明是‘惨妇’。”

产后抑郁症易发，但是一些家庭没有足够的知识与准备，待到产妇出现这种症状时，也不能识别，反而埋怨产妇像变了一个人似的。现在一些医院的产科比较重视这个问题，在针对准爸妈进行的产前培训中会有关于产后抑郁症的内容，对产妇本人，产妇的丈夫、公婆、父母等进行提前的宣传教育。同时，也建议产妇遇到困难主动寻求家人帮助，休息好，降低期望值，学会倾诉，坚持健康有规律的饮食等等。

有些事情，会加剧产妇的抑郁。例如有些家庭极度渴望男孙，媳妇却生了女孙，就算夫家不说，有的媳妇也会敏感地觉得有负众望，更容易患上心理疾病。有的家公家婆，因为生了孙女，也患上了“孙女产后抑郁症”，家庭气氛就更加敏感了。本来产妇刚生了孩子，元气正在恢复之中，又要手忙脚乱地带孩子，还觉得自己生了个女孩子被人“否定”，心情很难愉悦。现在重男轻女已经没有现实的意义，全家人要懂得安慰产妇生男生女一样，女孩子长大了更贴心什么的。

有些婆婆以过来人的身份漠视产后抑郁这个问题，她说：“我不也生过孩子嘛，能有啥产后抑郁症呢。”产后抑郁症这东西，婆婆当年没有，不代表媳妇现在也没有。婆婆用传统的方式对待产妇，要求产妇不能下地，不能出门，不能干活，连电视也不能看，这些都会使新妈咪越发地感觉到生活乏味单调，加剧抑郁情绪。

/ 爸爸去哪儿了 /

婆婆总对媳妇说："我在这里给你带孩子……"媳妇就觉得很疑惑：这孩子，不应该是我与老公两个人的吗？

传统父亲与母亲的角色是泾渭分明的。母亲的主要功能就是养育子女，父亲的功能是提供家庭所需的一切资源。当今的观念已经大不一样了，养育子女被视为是一项夫妻共同分担的义务，但是，许多婆婆还是坚持认为那只是媳妇的责任，媳妇自然觉得不公平。解决这一矛盾和偏见的关键在于男人，男人只有自己端正了态度，才能纠正公婆的思想。

男人不去带孩子，就不会理解带孩子有多难。一位女友很不满地跟我说："我老公经常出差，我是自由职业，忙完工作就与婆婆一起带孩子，我俩带得很辛苦，没想到老公居然说，孩子好容易带哟，一下子就能走路了。"

男人不关心产后的妻子，不体谅妻子带孩子的辛苦，会让妻子心生怨恨。一位女友说：“老公根本就不管孩子，让他去泡一下奶粉，他都说不会。还说泡奶、喂奶，应该是女人的事。”丈夫应该理解妻子产后身体的变化与照顾孩子的辛苦，主动分担家务。因为带孩子，妻子还会耽误个人的职业发展，导致经济地位低，男人要给予安慰。

男人应当多陪陪孩子，以免成亲子疏离，任何人都无法取代父亲的角色。不要认为自己不带的话请个保姆就行了，到头来有些孩子只认保姆，连父母都不要了。

做丈夫的，要让婆婆意识到带孙子是在帮儿子。一个男人这样劝他的母亲：“妈，孩子有一半是我的血脉，我也有责任带孩子的，你在这里，主要是帮我的忙啊。你代替我与你媳妇一起照顾孩子，我才有更多精力做事业。”

/ 修复婆媳关系的契机 /

凡事都有两面性。有些婆媳因为带孩子闹僵了，然而，有些婆媳却借着带孩子，把原本疏离的关系搞亲密了。孩子的出生成了婆媳团结亲密的绝好契机。

我的一个朋友原本与丈夫在深圳过着二人世界。孩子降生之后，婆婆正在老家带大儿子的孩子，来不了，夫妻俩人便请了月嫂。月嫂走了之后，她考虑再三，决定辞掉工作，独自一人带着孩子，经常忙得筋疲力尽。后来，老家的孩子上了幼儿园，婆婆便来深圳帮她带孩子。媳妇说："老人家来了，虽然做饭的主力还是我，但是，有时候有人帮着看一下都是好的，我可以放心地做事，而且白天还可睡一个多小时，有婆婆真好。"

媳妇自己做了娘，更能体会为什么婆婆这么紧张自己的儿子。有一位儿媳妇，以前特别看不得婆婆偏心。比如说，儿子身上不小心洒了一点凉水，婆婆就赶紧去帮儿子左擦右擦。儿子有点感冒咳嗽，婆婆就急得睡不安稳。然而，生活在同一个屋檐下，儿媳妇有个头疼脑热的，婆婆不吱一声。后来，这媳妇也生了儿子，突然理解了婆婆这么紧张儿子是应该的，不紧张媳妇也是正常的。而且，媳妇反而更能理解婆婆对儿子媳妇亲热的吃醋行为，懂得更加关心丈夫以博取婆婆的欢心。

婆婆与媳妇没有血缘关系，却通过孙子来了一个血脉交融。一位媳妇老是喜欢对婆婆说："妈，你看，你孙子的眉毛长得多像你呀？""妈，你孙子这么聪明，真有你的风范！"婆婆就自豪地说："那当然，孙子身上也流着奶奶的血嘛。"

孙子的到来，使婆婆走进儿子媳妇的生活更"自然"。一对夫妻在深圳结婚买了房子，这时候，婆婆住进来，感觉自己有点像个"电灯泡"，尤其是新婚的儿子媳妇偶尔还会在客厅有些亲热的行为，婆婆不小心撞见了，大家都觉得很尴尬，就这样住了一段时间婆婆就回了老家。但是，孙子诞生后就不一样了，婆婆来带孩子，走进儿子媳妇的家是顺理成章的事。因为有了孙子，婆婆不再觉得自己像个"第三者"。一位婆婆说："孙子出生之后，整个家里的气氛都变得轻松、愉快起来，大家一起带孩子、逗孩子，好开心的。"

/ 奶奶带孙　别争“第一” /

心理学上把饥饿动机、性动机和母性动机归为人的三大心理性动机。可见，付出母爱，就如人要吃饭一样不可或缺。

孙子，往往成为婆媳共同付出“母爱”的对象。孩子来到这个世上，付出辛苦的母亲应当是最感欣慰的。不少产妇度过初期的忙乱之后，很快就适应了母亲的角色，并在付出母爱中获得心理满足。婆婆当年也是从母亲的角色中走过来的，但随着儿子渐渐长大，对自己的依赖日益减少，而孙子的出生，让她再次找到了付出母爱的对象。

媳妇不要拒绝婆婆对孙子的“母爱”。一位婆婆说：“媳妇请了个专业保姆，说是不用我带，其实我好想带孙子的，我知道她嫌我不专业。”虽然有些奶奶带孩子的方法是会有一些落伍，但是，她们对孙辈的爱是不容置疑的。做媳妇的可以去纠正她们的行为，但不要去断然拒绝她们带孙子的请求。

婆婆帮忙带孩子，也得注意不要去抢占孩子心目中“第一”的位置。一位媳妇说：“婆婆老是喜欢抱着孩子问他，喜欢奶奶还是喜欢妈妈，如果孩子答喜欢妈妈，婆婆就不高兴，直到孩子答喜欢奶奶，婆婆才罢休。难道，我的孩子，我不应当在他心目中排第一的位置吗？在这一点上，做奶奶的有什么好争的呢？”

既然都爱孩子，就不要让孩子成为婆媳斗争的工具，祸害了孩子。电视剧《双面胶》里，婆婆似乎生生要把媳妇排斥在外似的，到后来，还要把自己对媳妇的恨注入到孩子的心里，教孩子说“妈妈坏”。难道，年迈的奶奶能照顾孙子一辈子吗？到头来，孩子还不是指望亲娘吗？

孩子是不会撒谎的，谁对他好，他就会亲近谁。做母亲的如果看到孩子喜欢婆婆而非自己，就要检讨和纠正一下自己的行为。有的母亲，因为忙于工作，对孩子的照顾少于奶奶，孩子就不由自主地喜欢奶奶了，这不能怪奶奶。

/ 最好由娘家妈照顾孕产妇 /

很多过来人的经验是，孕产妇最好由娘家妈妈照顾。亲妈照顾怀孕的女儿，更多是出于一种爱。婆婆照顾怀孕的媳妇，更多是出于一种责任。当然，也有婆婆对待媳妇如亲生女儿一般，但一般说来，婆婆很难做到这个程度。

由娘家妈照顾孕产妇，好处多多。首先，母女不需要再磨合。比如，母亲最知道女儿喜欢吃什么。本来孕妇就嘴刁，如果婆婆炒的菜左右不合她的胃口，双方都会失去耐心。

其次，母女之间好说话。受生理的影响，孕产妇的情绪容易波动，易怒易躁。想发脾气了，对着亲妈来一通，亲妈无所谓。但是，对着婆婆，媳妇有脾气不敢发，万一忍不住发了，婆婆可能也受不了。

第三，母女之间更方便。刚生完小孩，有些产妇上厕所都要搀扶。妈妈能忍受女儿制造的大小便，婆婆就未必。而且，产妇自己也不见得会习惯在婆婆面前方便。当然，还有老公可以指望，但是，老公不一定24小时在身边。

第四，亲妈比较好“使唤”。产妇要求很多，如果事事都向婆婆提，怕婆婆反感。但是亲妈就不一样了，可能不用女儿开口，妈妈就把带血的内裤给洗了，而且随叫随到，沟通无障碍。

天底下最幸福的孕产妇，莫过于有亲娘照顾的那种。深圳曾有一篇新闻，说“十个老太太，七个丈母娘”。深圳街头的老太太七成都是来投奔女儿的，大概就是由于这个原因吧。

体谅老人带孩子辛苦

有的公婆非常好，媳妇一怀孕，就从内地来到深圳照顾。媳妇休产假时，公婆除了让媳妇喂奶之外，其他的家务全包了。后来，媳妇上班去，公婆体谅儿媳的工作压力大，更是风雨一肩挑，做三餐饭，白天黑夜地带孩子。只在周末时，儿子媳妇带一下孩子，让老两口轻松一下。家庭很和睦，公婆从不抱怨，儿子媳妇也都很感恩。不过半年下来，老两口的体重都减了十来斤，容颜憔悴。

我们总是习惯性地向父母索要，父母也总是习惯性地为我们付出。很多时候，我们没有正确地评估父母来带孩子的艰辛。他们来带孙子，其实是巨大的付出，我们要学会理解，学会感恩。现在流行晚婚晚育，我们生孩子时，父母一般都是60岁左右的老人了，带孩子，再加上操持家务，其实是很辛苦的。

无论是公婆还是娘家爹妈，如果不愿意带孩子，我们都没有资格强求，如果他们愿意我们也不宜拒绝，因为含饴弄孙是很多老人的幸福追求。即使亲妈来带外孙，母女之间也可能会产生矛盾，所以，更要宽容地看待与婆婆之间的矛盾。

要理解老人带孙子巨大的心理压力。一位奶奶说："以前带自己的孩子，没想这么多，现在带孙女，感觉压力好大，怕她磕着碰着，怕她感冒发烧啥的，怕到儿子媳妇面前不好交差。"儿子媳妇要体谅，做爷爷奶奶的绝对不会愿意孙子遭罪，如果发生不幸，绝对是意外，怪他们也于事无补。

老人带孙子，身在他乡人寂寞。现在很多夫妻工作的地方远离家乡，婆婆要帮着带孙子，也得背井离乡。性格外向、能说普通话的老人，说不定还能在小区里找到聊得来的老年朋友，性格内向的老人，难免孤独。这时，做媳妇的要多抚慰婆婆，多陪她聊聊天。

有些婆婆喜欢表功，做媳妇的要及时肯定。小两口不要把表扬放在心里，而要说出来，要把"谢谢"和"劳苦功高"挂在嘴上，这对老人是莫大的鼓舞。

婆婆有些做法可能不科学，媳妇纠正要委婉。比如说，有些老年人有亲口嚼烂菜叶喂给宝宝吃的做法，在媳妇的眼里，这是不卫生的。要理解老年人这么做，是出于一份爱孙子的心，在提意见的时候一定要注意口气与方式。媳妇让老公去跟婆婆说，婆婆更容易接受一些。

/ 幸福从养心开始 /

哲学有三大终极问题：你是谁？你从哪儿来？你到哪儿去？

今天的中国，人们普遍也存在着同样的困惑。人们身处社会转型期，社会结构深刻变化，观点价值多元化，矛盾冲突集中显现，社会不良心态滋生——焦躁疑惧、迷茫失落，拜金主义、道德缺失……经济发展了，人们的幸福感却降低了，就是由心的困惑引发的。

2014年我们启动了以幸福促进为主题的系列丛书的出版，今年共推出三本，一是解读与分析爱情婚姻案例的《我终将学会爱你》，一是关于亲子教育的《母亲的心是宁静的海》，一是婆媳关系调整手记《幸福婆媳，从转念开始》。以后还会逐年推出相关书籍，将幸福心灵文化建设工作持续做下去。

感谢深圳市宣传文化事业发展专项资金的支持，使幸福促进工作得以持续、有效地开展，为市民构筑了一道心灵的篱笆。幸福是一个高远的目标，而生活是从配偶、子女、父母点点滴滴发端。从仰望星空展望幸福到脚踏实地学会爱人，幸福从心理健康、养心静气开始，让我们一起出发，共同去创造未来。

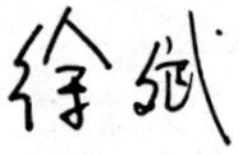